W0245488

Heike Schmoll
LOB DER ELITE

Heike Schmoll

LOB DER ELITE

Warum wir sie brauchen

C.H.Beck

© Verlag C. H. Beck oHG, München 2008
Satz: Fotosatz Reinhard Amann, Aichstetten
Druck und Bindung: Friedrich Pustet, Regensburg
Gedruckt auf säurefreiem, alterungsbeständigem Papier
(hergestellt auf chlorfrei gebleichtem Zellstoff)
Printed in Germany
ISBN 978 3 406 57028 5

www.beck.de

Inhalt

Vorwort

Eigentlich genügen die Erfahrungen des zwanzigsten Jahrhunderts, um die Rede von Eliten ein für allemal einzustellen und das Wort auf den Abfallhaufen der Geschichte zu verbannen: Die Berufsrevolutionäre in Lenins proletarischer Revolution, die machiavellistischen Machtmenschen in Mussolinis Imperialismus, die die Massen für den Größenwahn ihres Duce zu begeistern wußten, die Elite der Führer im Nationalsozialismus mit ihrem Rassenwahn und der Auslöschung des jüdischen Lebens in Deutschland, die sozialistischen SED-Kader mit ihrem antikapitalistischen und antifaschistischen Affekt, die ein ganzes Volk planmäßig entmündigten, sind nicht dazu angetan, das Vertrauen in Eliten zu fördern. In Deutschland haben die Fehlleistungen dieser Führungspersönlichkeiten zu einer nachhaltigen Tabuisierung der Vorstellung von Eliten geführt und die Scham über die eigene Herkunft und Geschichte als immer wieder aufbrechende Wunde hinterlassen. Daran hat auch die Rekrutierung von Eliten in den Krisenzeiten der deutschen Nachkriegsgeschichte, die sich neuerdings in der hastigen Kür der Elitehochschulen fortsetzt, wenig geändert. Was soll ein *Lob der Elite* in einer Gesellschaft, die ihre Tabuisierung der Eliten aufgegeben hat, in der es inzwischen sogar zum guten Ton gehört, wieder von Eliten zu sprechen? Als der Philosoph Max Scheler Anfang der zwanziger Jahre über die geistige Situation der Weimarer Zeit schrieb, es sei eine beispiellose Sehnsucht nach Führerschaft überall lebendig – so groß und mächtig, daß sie auch die verkehrtesten, windigsten und groteskesten Ausdrucksformen nicht verschmähe –, hat er die Chancen und die gefährlichen Verwechslungen von beruflichen und gesellschaftlichen Positionen mit Eliten ebenso vorausgesehen wie die Gleichsetzung von Elite mit Prominenz oder Bekanntheit.

Jede Gesellschaft hat ihre Eliten, ob sie will oder nicht – das galt auch schon für die Antike. Das vergleichsweise geringe Alter des Begriffs darf nicht darüber hinwegtäuschen, daß es sich um ein geradezu archaisches Phänomen handelt. Geändert haben sich nur die Kriterien für die Elitenzugehörigkeit.

Es ist kein Zufall, daß die Rede von der Elite im vierzehnten Jahrhundert auf Frankreichs Marktplätzen entstand und spätestens im achtzehnten Jahrhundert auch auf eine auserwählte, hervorgehobene Gruppe von Menschen übertragen wurde. Auf dem Marktplatz geht der Kunde von Stand zu Stand, jeder hat Zutritt, ganz unabhängig von Position oder Funktion, die Preise sind Verhandlungssache. Diese prinzipielle Offenheit und Zugänglichkeit von Eliten ist in demokratischen Systemen zu ihrem wichtigsten Kriterium geworden. Wie die mit dem Gütesiegel ausgezeichnete Ware müssen sich aber auch die gesellschaftlichen Eliten durch bestimmte Leistungen legitimieren.

Da eine hervorragende Bildung im Sinne einer Persönlichkeitsbildung über lange Zeit den Zugang zu den Eliten öffnete, blickt dieser Essay auf die römischen und griechischen Bildungseliten zurück, die bei Platon in Gestalt der Philosophen die Herrschaft im Staat übernehmen sollen.

Seit der Spätantike war Latein die Lingua franca der europäischen Eliten, sie wurde von Syrakus bis Oxford von allen Gebildeten gesprochen, so daß Gelehrte innerhalb Europas von Universität zu Universität und von Kloster zu Kloster ziehen konnten. Die Verbindung des humanistischen Bildungsideals mit christlichen Vorstellungen von Menschwerdung in der Reformationszeit haben deutsche Bildungsvorstellungen grundlegend geprägt. Wie sich solche konfessionelle Zugehörigkeiten nicht nur über den Bildungsbegriff, sondern auch über die Vorstellung von Eliten unterscheiden, zeigt sich im Vergleich der humanistisch-reformatorischen Tradition mit dem jesuitischen Erziehungs- und Bildungsideal Frankreichs, aus dem das System der Elitehochschulen (Grandes Écoles) hervorgegangen ist. Im Unterschied zu den deutschen Eliten in den verschiedensten gesellschaftlichen Bereichen handelt es sich bei den französischen Eliten um eine homogene Schicht, die ihre

Selbstreproduktion über Jahrhunderte mit Nationalstolz und republikanischem Ethos aufrechterhalten hat. Mit Gleichheitsideologien hatte und hat die französische Schul- und Hochschulpolitik weniger zu kämpfen als die deutsche, wo Chancengerechtigkeit immer wieder mit Entwertung individueller Leistung und Nivellierung einherging.

Die Utopie von der Chancengleichheit sowie die Auffassung, daß vor Gott beziehungsweise vor dem Gesetz alle gleich seien, ließ die Skepsis gegenüber Eliten in demokratischen Systemen wachsen. Doch sind gerade Demokratien auf ihre unterschiedlichen, prinzipiell offenen Eliten angewiesen. Diese müssen sich den Vereinnahmungen einer zuweilen autoritätssüchtigen, verehrungswilligen Öffentlichkeit widersetzen. Denn die Vereinnahmung brächte sie um ihre Daseinsberechtigung. Sie dürfen sich nicht als exzentrische Sonderklasse über sich selbst erheben, brauchen aber ein hohes Maß an Unabhängigkeit, um sich in Entscheidung und Haltung nicht korrumpieren zu lassen. Sie müßten sich in politisch ruhigen Zeiten durch Klugheit auszeichnen, durch schnelle Auffassungsgabe, Weitsicht, Entscheidungskraft sowie Verantwortungs- und Pflichtbewußtsein. In der Ausnahmesituation sollten die Eliten eine kritische Situation in ihren negativen und positiven Folgen vor sich sehen und dann beherzt eingreifen können. Eliten erweisen sich gerade darin als authentisch, daß sie den Ausnahmezustand sehr schnell begreifen, handelnd eingreifen und dadurch auch für eine begrenzte Zeit von ihrer Macht Gebrauch machen, aber keine dauerhaften Herrschaftsansprüche daraus ableiten. Denn die Zivilgesellschaft braucht selbstbewußte Bürger, aber keine selbstherrlichen Eliten.

1. Elite – ein Kampfbegriff

> Kein gleichstellendes Prinzip ... wird je verhindern können, daß sich in-
> mitten des gemeinsamen Lebens Ausnahmen und Sonderformen erhal-
> ten, die in einem erhabenen oder anrüchigen Sinne vor der bürgerlichen
> Norm ausgezeichnet sind. Der Einzelne wird gut tun, nicht nach der Art
> seiner Sonderstellung zu fragen, sondern in der Auszeichnung das Wesent-
> liche zu sehen und jedenfalls eine außerordentliche Verpflichtung daraus
> abzuleiten.   *Thomas Mann, Königliche Hoheit*

Elite schafft Gegensätze. Nüchtern geht es bei Elitedebatten selten
zu. Am Elitebegriff scheiden sich die Geister wie kaum an einem
anderen soziologischen Begriff. Häufig bleibt er so parolenhaft wie
ideologisch. Haßliebe, Mißtrauen, aber auch Redundanz machen
sich breit, wenn in Deutschland von Eliten die Rede ist. Ein empha-
tisches «Lob der Elite» kann keine soziologische Theorie entwik-
keln oder die empirische Eliteforschung näher beleuchten, zumal
sie sich meist nur politischen und wirtschaftlichen Führungspersönlichkeiten widmet, deren Positionen klar auszumachen sind.
Die diffusen Eliten in anderen Bereichen finden kaum Beachtung.
Nicht selten retten sich empirische Elitebetrachtungen daher in
den verhängnisvollen Trugschluß, Führende in bestimmten beruflichen Positionen seien die einzig existierende Form der Elite.

Eine beliebte, aber unsinnige Versuchung liegt darin, die Prot-
agonisten einer öffentlich-medialen Ereignisgesellschaft wie Sport-
ler, Sänger und Musiker aus der Jazz- und Rockszene zu elitären
Figuren zu stilisieren, also Prominenz mit Elite zu verwechseln.
War in früheren Jahren Elite durch Leistung, Prominenz indessen
durch Bekanntheit gekennzeichnet, vermischen sich jetzt die
Wahrnehmungen mehr und mehr, zumal es keine Kriterien für
Leistung und nur diffuse für den Erfolg gibt, den beide benötigen.
Die Frage, ob jemand bekannt ist, weil er zur Elite gehört, oder
zur Elite zählt, weil er prominent ist, muß offen bleiben. Um so
verdächtiger ist es, das Gütesiegel «Elite» unbedacht ganzen gesell-

schaftlichen Gruppen anzuheften – es gewissermaßen zu verramschen. Das gilt insbesondere dann, wenn Prominenz allein von Beifall und augenblicklicher Wertschätzung abhängig gemacht und das Prinzip der Selektion durch Leistung untergraben wird. Sind Leistung und Erfolg, Anerkennung oder Selbstzuschreibung, Fachwissen oder Bildung die entscheidenden Kriterien für die Zugehörigkeit zur Elite? Vor allem aber, wer urteilt denn darüber?

Gleichzeitig wächst die Gewißheit, daß eine offene Gesellschaft ihr eigenes Überleben nur gewährleisten kann, wenn sie Eliten nicht nur zuläßt, sondern auch die nötigen Mittel und Rekrutierungsmechanismen zur Verfügung stellt, damit diese Eliten sich regenerieren können. In Krisenzeiten, wenn Großorganisationen wie Kirchen, Parteien und Vereine Vertrauen einbüßen, wächst die Sehnsucht nach herausragenden Menschen, außergewöhnlichen Identifikationsfiguren und Leitbildern. Denn Institutionen können Eliten nicht nur hervorbringen, sondern auch konsumieren (Arnold Gehlen).[1] In Institutionen tendieren die Eliten eher dazu, sich abzuschließen und die Vorteile und Rechte ihrer Position allein zu genießen. Damit besiegeln sie jedoch zumeist ihr eigenes Ende. Die Monopolisierung von Vorteilen ist immer ein Zeichen des Abstiegs von Eliten oder ihrer Dekadenz. Auf das erodierende Vertrauen in Institutionen folgt jeweils der Verlust des Vertrauens in die Eliten. Wo das Vertrauen in Institutionen gesichert ist, wird über Eliten in der Regel geschwiegen. Schwindet das Vertrauen jedoch, sollen die Eliten richten, was die Institution schon längst nicht mehr bewältigt.

Das tiefe Mißtrauen gegenüber Eliten hat in Deutschland historische Gründe. Das mehrfache Versagen eines Teils der Eliten in der Weimarer Republik und unter dem Nationalsozialismus, aber auch in der DDR, hatte zu tiefer Verunsicherung geführt. Sowohl in der Weimarer Republik als auch im Dritten Reich waren die Parteioligarchen, die häufig aus der unteren sozialen Schicht oder aus kleinbürgerlichem Milieu stammten, allmählich in die Machteliten (Aristokratie, Militär) eingedrungen, hatten sich mit ihnen verbunden oder sie verdrängt. Anstelle eines autoritären Systems entstand eine «neofeudalistische Personenverbandsherrschaft», deren Kennzeichen der ungehemmte Klientelismus, das verfilzte Patronagenetzwerk, die geltungssüchtige Satrapie war, nach dem Motto: «Dem Sieger die Beute, der Korruption der Vorrang.»[2] Der Elitenwechsel vollzog sich immer nach demselben Muster: Die Abwertung der Vorgängerelite rechtfertigte jeweils die neue Elite.

Trotz der allfälligen Beschwörungen eines Neuanfangs gab es in Deutschland eine erschreckende Elitenkontinuität. Schon im Dritten Reich kursierte der Witz «Was bleibt nach der Sintflut gewiß auf dem Himalaya übrig? Staatssekretär Meissner». Otto Meissner (1880 bis 1953) war Jurist, machte im Kaiserreich Karriere in der Ministerialbürokratie, leitete von 1920 bis 1935 das Büro des Reichspräsidenten und von 1935 bis 1945 die Nachfolgeeinrichtung Präsidialkanzlei. Dennoch wurde er 1959 in Nürnberg freigesprochen. Seine Memoiren *Staatssekretär unter Ebert, Hindenburg, Hitler* sind nicht vom Anflug eines Selbstzweifels befallen, sondern geschichtsklitternd und beschönigend.[3] Die Elitenkontinuität nach dem Ende des Nationalsozialismus war keineswegs auf die westlichen Gebiete beschränkt. Der erste Präsident des Obersten Gerichts der DDR war ein ehemaliger SA-Mann, erster Generalstaatsanwalt wurde ein Träger der «Treuemedaille des Führers», und der Intendant eines DDR-Senders war Präsident der Reichsrundfunkkammer und Abteilungsleiter Rundfunk im Reichspropagandaministerium gewesen.

Die Erfahrungen der Elitenkontinuität in Ost und West weckte in den fünfziger Jahren ein vitales Interesse an integren Führungspersönlichkeiten verschiedener Bereiche. Trotz aller Vorbehalte war wieder die Forderung nach neuen Eliten zu hören, und nicht nur Gehlen sprach von einem «Elitenproblem». Zugleich aber empfanden diejenigen, die nach den Eliten riefen, ein tiefes Unbehagen gegenüber der Elitenkontinuität der nationalsozialistischen Zeit. Sie, die sich zweifellos selbst der Elite zurechneten, waren ratlos, wer an die Stelle der Eliten des Nationalsozialismus treten sollte. Fest stand nur eines: Die hierarchische Struktur der Eliten aus der Kaiserzeit und der Diktatur des Dritten Reiches war mit demokratischen Vorstellungen der jungen Bundesrepublik nicht mehr in Einklang zu bringen. Es war der grenzenlose Opportunismus, der Eliten des einen Regimes bruchlos in das nächste überzugehen half, der Nicolaus Sombart im November 1946 in *Der Ruf* zu einer betont sachlichen Bestimmung von Eliten führte. Er hielt Elite für eine wertneutrale Funktion und eine Qualitätsbezeichnung, weiter nichts.

Diese Ernüchterung führte in den fünfziger Jahren zu einer allgemeinen Unbefangenheit im Umgang mit Eliten. Das änderte sich schlagartig mit der Revolte der Studenten gegen die alten Eliten im Jahre 1968, die weit mehr als den «Muff von tausend Jahren unter den Talaren» beseitigte. Vielmehr geriet das gesamte Bildungssystem ins Wanken, so daß die Zustände an den Schulen und Hochschulen fortan zum beliebten ideologischen Streitobjekt wurden und frühere Bildungsvorstellungen endgültig zerbrachen. Wie wichtig Themen eingeschätzt wurden, richtete sich fortan nach ihrer gesellschaftlichen Relevanz. Gleichzeitig begann das Palaver der selbstverwalteten Gruppenuniversität.

In dieser Zeit setzten die ersten empirisch-soziologischen Elitebefragungen ein. In den folgenden Jahren haben sie gezeigt, daß aggressiver Anti-Elitismus nicht selten eine besonders zähe Cliquenbildung und Oppositionshaltung um jeden Preis zugleich befördert und verdeckt. In der ständigen Absetzung von denen, die Rang und Unterschied aufzurichten bemüht waren, wurde es auch bequem, in einer Haltung der politischen Korrektheit den Status quo zu verteidigen. Zusehends wuchs die Unzufriedenheit mit dem Verhalten der Eliten. Der Verdacht ungerechtfertigter Privilegien richtete sich nun weniger gegen Politiker als vor allem gegen führende Wirtschaftsvertreter, die durch überdimensionierte Gehälter, Abfindungen und Pensionszusagen von sich reden gemacht hatten.

Obwohl sich das Klima für die Eliten in den neunziger Jahren insgesamt aufhellte, haben die Verhaltensweisen einiger Wirtschaftsvertreter das Unbehagen der Bevölkerung aufs neue ge-

nährt. Vor allem die Protagonisten des Mannesmann-Prozesses
riefen den Volkszorn auf den Plan und schienen die Vorwürfe
durch ihr Verhalten zu bestätigen. Das Siegeszeichen des Vor-
standssprechers der Deutschen Bank Josef Ackermann vor dem
Düsseldorfer Gericht gipfelte in der lächelnd plazierten Bemerkung, Deutschland sei das einzige Land, in dem diejenigen vor Gericht kämen, die Werte schafften.

Der Vorwurf des deutschen Eliteversagens und eine neuerliche
moralisierende Elitenschelte ließen schließlich genausowenig auf
sich warten wie die überstürzte Suche nach neuen Rekrutierungs-
formen und schnellen Möglichkeiten der «Elitenproduktion», wie
sie sich in den Reformversuchen der deutschen Hochschulen, vor
allem bei der Kür der Elitehochschulen, zeigt. Die Debatte um die
Elitehochschulen, die im Frühjahr 2004 einen Höhepunkt erreichte, hat mit naiver Emphase die Wiederentdeckung der Eliten
und die neu gewonnene Redefreiheit über Eliten gefeiert. Dazu
passend keimte in Deutschland alsbald wieder eine eigene Neid-
Debatte auf. Die Eliten hatten zunehmend den Eindruck, ihre
Leistung werde nicht anerkannt, sondern mit Neid und Mißgunst
bedacht. Und die Frage ist weiterhin berechtigt: Herrscht in
Deutschland wirklich ein elitefeindliches Klima?

Eines dürfte bei der Wiederkehr des Elitethemas in den letzten
Jahren klar geworden sein: Gerade eine offene Gesellschaft kann
auf Elitenpluralismus, also mehrere prinzipiell gleichberechtigte
Eliten ohne politischen Herrschaftsanspruch, nicht verzichten. So-
lange politische Macht und gesellschaftliche Eliten einigermaßen
getrennt bleiben (Überschneidungen sind schwer zu vermeiden,
Einflußnahmen erst recht), können unterschiedliche, also plurale
Eliten gedeihen. In der modernen Gesellschaft kann es keine sozial
einheitliche Elite geben. Sobald ein elitäres Prinzip zu stark nach
politischer Herrschaftsausübung strebt, wenn also eine homogene
Elite zur Oligarchie oder gar zur Diktatur zu werden droht, ist der
Elitenpluralismus gefährdet. Der Elitenpluralismus übernimmt
aber als solcher eine freiheitssichernde Funktion.

Und so ist gerade die Demokratie die politische Herrschaftsform, die gegenüber der Bildung unterschiedlicher Eliten am ehesten aufgeschlossen ist, weil keine politisch dominante Elite andere Eliten verhindern oder gleichschalten muß. Die Vorstellung, daß die Besten herrschen sollten, ist somit keineswegs eine aristokratische, sondern gerade eine demokratische, allerdings nur dann, wenn die Herrschaft der Besten keine oligarchischen Züge trägt. Aristokratische Systeme entstanden dadurch, daß sich diejenigen, die tatsächlich herrschten, die Besten nannten, weil ihr blaues Blut und ihre lange traditionsreiche Familie sie abhoben und ihre Herrschaft legitimierten.

Heinrich Mann, der gewiß nicht im Verdacht des liberalen Fortschrittsdenkens steht, hat schon 1927 die Bildung von Eliten, die sich durch herausragende Leistungen qualifizieren, als demokratisches Prinzip beschrieben: Seinen Adel brauche jeder Staat, aber nicht den ein für allemal verankerten in Geburt und Besitz, sondern die immer wieder erneuerte Aristokratie derer, die sich auszeichnen für die Nation.

Auf Frankreichs Marktplätzen

Die nahezu zweihundert Jahre alte Diskussion über den Begriff der Elite ist verworren. Es gehört zum Charakter der Soziologie als Wissenschaft, daß von ihr keine auch nur einigermaßen einheitliche, plausible Definition von «Elite» zu erwarten ist. Dies liegt auch daran, daß dieser sozialwissenschaftliche Begriff aufs engste mit den sozialen Auseinandersetzungen der Industrialisierungsepoche des ausgehenden neunzehnten und frühen zwanzigsten Jahrhunderts verbunden ist. Gleichzeitig steht außer Frage, daß es das Phänomen einer Elite seit der Antike gibt. Seit neuestem ist es üblich geworden, die Vorstellung von Elite durch zahlreiche Bindestrich-Eliten unschädlich zu machen. So ist in der Soziologie der Elite immer häufiger von Leistungs-, Funktions- und Positionseliten die Rede, um die verschiedenen Teileliten in einer offenen Gesellschaft wissenschaftlich zu fassen. Denn moderne Gesellschaften kennzeichnet ein diffuser Elitenpluralismus im Vergleich

zu traditionalen, aber auch demokratische Gesellschaften im Vergleich zu vordemokratischen oder nicht demokratischen Gesellschaften.

Eliten sind vieldeutig und schwer faßbar. Es erstaunt also nicht,
daß auch die Herkunft des Wortes umstritten ist. Sicher ist nur
eines: Der Elitebegriff geht auf das griechische Wort *eklégomai* und
das entsprechende lateinische *eligere* (auslesen, auswählen) zurück
und läßt sich schon im vierzehnten Jahrhundert in Frankreich nachweisen. In der Sprache der Kaufleute wurde er als Auszeichnung
für besondere Produkte gebraucht. So erwähnt Denis Diderot im
fünften Band seiner *Encyclopédie* im Jahre 1755 *élite* als Gütesiegel
für auserlesene Spitzenprodukte wie Elite-Gänseleber und Elite-
Garn, fügt aber im letzten Absatz seines Lexikoneintrags hinzu:
«Man spricht auch von hommes d'élite.»[4]

In dieser Bemerkung deutet sich ein für die darauffolgenden
Jahre entscheidender Bedeutungswandel an: Nicht mehr geburtsständische Privilegien der Abstammung und Herkunft entschieden
über die Zugehörigkeit zur Elite, sondern der Wert der Elite war
von nun an im wahrsten Sinne des Wortes einem Wettbewerb auf
dem Marktplatz ausgesetzt. «Die Präsentation durch den Händler
ersetzt die Klassifikation durch den Käufer, und mit dem Siegel *élite*
bekommt man auch ein Stück Status.»[5] Wer Elite will, muß sie sich
etwas kosten lassen, das hatte sich auf den Marktplätzen heraus-
gestellt. Aus der Werbung für Waren wurde zunehmend der Wettbewerb um den Status in der bürgerlichen Gesellschaft. An die
Stelle geburtsständischer Privilegien trat die Auswahl. Denn es war
das französische Bürgertum, das Elite gezielt als demokratischen
Kampfbegriff gegen die Herkunftseliten, gegen Klerus und Adel,
einsetzte und sich nebenbei auch noch dem Pöbel gegenüber in
Stellung brachte.

Diderot hatte den Elitebegriff zugespitzt und in seiner *Encyclopédie* aufgegriffen, was in den Wörterbüchern der Académie Française
Ende des siebzehnten Jahrhunderts angedeutet war. Wesentlich
schärfer noch faßte der Schriftsteller und Gelehrte Antoine Furetière (1619 bis 1688) den Begriff. Furetière selbst stammte aus klein-

bürgerlichen Verhältnissen, wurde jedoch durch die Mitgliedschaft in der Académie Française geadelt. Mit seinem kritischen Essay (*Essai d'un dictionnaire universel*) im Jahre 1684 verspielte er sein Ansehen. Er wurde für seine Zivilcourage bestraft, aus der Académie ausgeschlossen und suchte die sichere Entfernung in den Niederlanden. In seinem Wörterbuch, dem *Dictionnaire universel*, das 1690 in Holland erschien, beschreibt er Eliten als Menschen von Verdienst und Ansehen. Furetière nimmt auf diese Weise das meritokratische Prinzip des späteren Eliteverständnisses demokratischer Systeme vorweg.[6] Die 1813 erschienene fünfte Auflage des *Dictionnaire de l'Académie Française* erläutert Elite erstmals direkt, aber ebenso nichtssagend als Exzellenz: *«ce qu'il y a d'excellent en chaque genre.»*[7] In den folgenden Jahren dehnte sich der Begriff zunächst auf gehobene soziale Gruppen, herausgehobene militärische Einheiten sowie die höheren Ränge des Adels aus. «Elite, der Ausbund, der Kern, z. B. der Kern des Heers», heißt es in Joachim Heinrich Campes (1746 bis 1818) im Jahre 1801 erschienenen *Wörterbuch der Erklärung und Verdeutschung der unserer Sprache aufgedrungenen fremden Ausdrücke.*[8] Im Englischen taucht *elite* nach dem *Oxford English Dictionary* erstmals im Jahre 1823 auf und wird dort auf herausragende soziale Gruppen übertragen.[9] Für den deutschen Sprachraum gilt die Redewendung «Elite des ganzen Menschengeschlechts», die der Dichter und Physiognom Johann Kaspar Lavater (1741 bis 1801) schon 1768 geprägt hat.

Während in Frankreich schon immer unumwunden von Elite die Rede war, setzte sich der Begriff in Deutschland erst allmählich durch und wurde häufig durch Umschreibungen ersetzt. Um 1800 war bei Görres[10] von einer «Aristokratie der Bildung» und einem «Adel der Bildung» die Rede, aber auch von einer «Aristokratie des Besitzes und Talents». Später konnte man bei deutschen Autoren auch von einer «Aristokratie der Geistreichen» lesen, die nicht nur einen ausgezeichneten Geist besitzen, sondern daraus auch ein Privileg ableiten. Der im badischen Aufstand im Vormärz aktive Schriftsteller Georg Herwegh (1817 bis 1875) erwähnt 1845 eine «Elite der Intelligenz» und spielte damit auf den ständischen Konflikt der damaligen Zeit an. Denn niemand fühlte sich durch die umstürzlerischen Bestrebungen von 1848 mehr bedroht als Bürgertum und Intelligenz. Beide sahen nicht nur das «rote Gespenst» der proletarischen Massen, sondern auch eine Gefährdung der gesamten politischen Ordnung, die sich in einer Polarisierung von Bildungsbürgertum, Adel, Kleinbürgertum, Arbeitern und Handwerkern ankündigte. Die Vermassung wurde gewissermaßen zur Chiffre für den befürchteten Untergang des Abendlandes und seiner Kultur.

In Frankreich wurde diese Furcht zusätzlich genährt durch revolutionäre Erhebungen, in Deutschland und Italien durch die allmähliche Bildung des Nationalstaates, die sich parallel zur Industrialisierung vollzog. Zunehmend war von «gebildeten Klassen», von «gebildeten Gesellschaftsklassen», von «Klassen des Gelehrten Standes» (Angehörige der akademischen Intelligenz) oder von «halbgebildeten Mittelklassen» die Rede. Um 1870, als weniger als 0,2 Prozent der Bevölkerung das Gymnasium und nicht einmal 0,1 Prozent eine Hochschule besuchten, besaßen Bildungsdiplome ein ungeheures Sozialprestige.[11] Allein zwischen 1850 und 1871 hatte sich der Anteil der Fabrik- und Bergarbeiter verdoppelt, und 1907 machte diese Bevölkerungsgruppe schon fast ein Drittel aus.[12] In dem Augenblick, als die Arbeiterklasse erstarkte, unternahm das Bürgertum den Versuch, seine Macht über ein parlamentarisches System zu sichern und auf diese Weise den drohenden Umsturz der bürgerlichen Ordnung durch die Arbeiterbewegung abzuwenden. Es war diese existentielle Angst des Bürgertums, der Gustave Le Bon (1841 bis 1931), ein französischer Arzt, der sich später der Kulturanthropologie zuwandte, den Erfolg seines Buches *Psychologie der Massen* aus dem Jahre 1895 zu verdanken hatte. Der Elitebegriff taucht darin nicht auf, wohl aber die Gegenüberstellung von Masse und Führer in dem Sinne, daß sich Massen unwillkürlich einen Führer suchen.[13] Insofern war Le Bon durchaus Wegbereiter der beiden Denker, die den Anfang aller Elitetheorien markieren: Gaetano Mosca (1858 bis 1941) und Vilfredo Pareto (1848 bis 1923).

Elitetheoretische Blitzlichter

Der Gegensatz zwischen herrschender Elite und Masse prägte die europäische Elitedebatte seit Gaetano Mosca[14] und Vilfredo Pareto.[15] Der italienische Rechtswissenschaftler und spätere Politiker Gaetano Mosca übertrug den Begriff um 1900 auf die «politische Klasse» (*classe governante* versus *classe governata*). Sowohl Moscas als auch Paretos Entwurf liegt die Denkfigur zugrunde, daß eine kleine Führungsschicht die politischen Ämter und die Macht auf sich vereint und die Mehrheit von ihr beherrscht wird. Politisch richteten sich diese Theorien gegen die marxistische Klassenkampftheorie und Vorstellungen von einer klassenlosen Gesellschaft, also gegen egalitäre Utopien, aber auch gegen den Kult der herausragenden einzelnen, der im neunzehnten Jahrhundert eine Rolle spielte. Beide bestanden auf der Unaufhebbarkeit der Herrschaft von Eliten. Später bildeten die Elitetheorien Moscas und Paretos die Grundlage für den aufkeimenden Faschismus in Deutschland und Italien und sorgten dafür, daß der Elitebegriff auf lange Sicht desavouiert wurde, weil sich beide – ähnlich wie später Robert Michels – mit den italienischen Faschisten einließen. Die funktionale Elitentheorie hat dadurch erheblich an Glaubwürdigkeit verloren.

Der in Paris geborene Ingenieur und Ökonom Pareto, dessen Hauptinteresse sich zusehends auf die Soziologie verlagerte, greift auf ein vielzitiertes Bild Niccolò Macchiavellis zurück. Füchse und Löwen stehen für die beiden Grundtypen der Elite, für den Gaunertyp und den Herrschertyp. Pareto beschreibt den Gaunertyp in Gestalt des Fuchses als einen, der mit Gewandtheit und List agiert, und den Herrschertyp als Löwen, der kraftvoll und gewalttätig den offenen Kampf sucht. Es überrascht nicht, daß die Eliten sich am widerstandsfähigsten erweisen, die beide Eigenschaften in sich vereinen, also die Gauner mit Herrschaftsambitionen. Geradezu modern wirkt ein Abschnitt in seiner Programmschrift, der diejenigen zu den besten zählt, die in ihrer jeweiligen Tätigkeit die stärksten Leistungen bringen, doch solche Überlegungen bleiben zugunsten des dichotomischen Gesellschaftsbildes von Masse und

Klasse eher unterbelichtet. In die Elitegeschichte eingegangen ist Pareto mit seiner Theorie vom «Kreislauf der Eliten».[16] Gemeint ist damit, daß die politische Geschichte sich allen Fortschrittserwartungen zum Trotz in einem Kreislauf des Wechsels von Eliten vollzieht, der sich immer von neuem wiederholt. Nur die «formula politica» (Mosca) ändere sich, nach der sich die Eliten in Beziehung zur Gesellschaft setzen.[17] Traditionell wurde diese Beziehung nach der Auffassung Paretos durch Herkunft und Familie, durch Vermögen, durch die Leistungen einzelner etwa im Militär, aber auch durch die Bestätigung in einer Wahl hergestellt. Einen Wechsel konnte er also nur für die Legitimationsform der Eliten, nicht für ihre Existenz als solche erkennen. Sowohl Pareto als auch Mosca rechneten also damit, daß Eliten ihre Fähigkeit zu einer wirksamen Herrschaft auch verlieren können, wenn sie es verpaßten, die klügsten Mitglieder konkurrierender Eliten rechtzeitig abzuwerben und in ihre Eliten einzubinden, um sich auf diese Weise zu erneuern. Doch das blieb in den politischen Systemen graue Theorie. Solchen Kooptationen zog die real existierende Politik zumeist Klüngelwirtschaft und Klientelismus vor. Deshalb wirkt Paretos Zirkulationsmodell nur auf den ersten Blick einleuchtend, in der historischen Wirklichkeit überzeugt es nicht. Vielmehr bleibt es «seltsam blutleer und abstrakt».[18]

Im Unterschied dazu hält der deutsche Nationalökonom und Elitetheoretiker Robert Michels (1876 bis 1936), der auf Mussolinis Veranlassung einen Lehrstuhl in Perugia bekam, einen völligen Elitenaustausch für illusorisch. Er sieht im Kreislauf der Eliten eine ständige Verschmelzung der alten Eliten mit aufsteigenden Personen.[19] Das läßt sich in der deutschen Geschichte konkret zeigen. Viermal – 1919, 1933, 1945 und 1989 – gab es eine Ablösung von Eliten, die durch eine erschreckende Elitenkontinuität unterlaufen wurde.

Da die Gegenüberstellung von Elite und Masse durch die Erfahrungen des Faschismus mit seinem Rassenwahn und seinen Verbrechen gründlich diskreditiert worden war, versuchte die Eliteforschung, das Verhältnis von Masse und Elite neu zu bestimmen. Bis heute suchen daher einige Soziologen in der Beschreibung von Funktionseliten die Lösung. Andere bemühten sich, den Elitebegriff dadurch greifbarer zu machen, daß sie ihn in «Funktions-, Positions- und Teileliten» aufsplitterten. Wie Eliten jedoch entstehen und wie eine Gesellschaft vor allem die nötigen Bedingungen für die Eliten schafft, die sie braucht, wird dadurch nicht klarer.

Eine der neutralsten Elitedefinitionen der Sozialwissenschaften beschränkt sich deshalb darauf, als Elite diejenigen zu bezeichnen, die regelmäßig Einfluß auf gesamtgesellschaftlich bedeutsame Entscheidungen nehmen. Doch sie besagt wenig und führt nicht weiter, weil sie nur die sogenannten Funktionseliten mit bestimmten Positionen umfaßt. Allerdings entbindet sie von der schwierigen Aufgabe, andere Anforderungen an Eliten zu stellen, und vermeidet damit kontroverse Debatten.

Übereinstimmung herrscht darüber, daß die bisherigen Auswahlprinzipien Geburt und Besitz in offenen demokratischen Gesellschaften zugunsten des Leistungsprinzips abgelöst werden müssen. Als schwierig erwies sich aber von Anfang an die nähere Bestimmung des Leistungsprinzips. Denn es war nicht zu klären, wie Leistungsmaßstäbe in möglichst nachvollziehbarer Weise formuliert und soziale Auswahlprinzipien festgelegt werden sollten. Schon Anfang des zwanzigsten Jahrhunderts haben einzelne Eliteforscher (etwa Karl Mannheim, 1893 bis 1947) festgestellt, daß die «Demokratisierung des sozialen Aufstiegs durch Bildung» von Nachteil ist, weil sie die «Proletarisierung der Intelligenz» und die damit verbundene Entwertung kultureller und geistiger Arbeit in der Öffentlichkeit zur Folge hatte.[20]

Alle Theorien stimmen darin überein, daß es sich bei den Eliten in modernen Gesellschaften nicht etwa um eine geschlossene gesellschaftliche Klasse, sondern um Eliten auf bestimmten gesellschaftlichen Sektoren handelt, die möglicherweise als Vorbilder taugen, in der Regel jedoch nicht herrschen. Gedacht wurden sie als nicht hierarchisch strukturiert, sondern paritätisch organisiert. Sie sollten aus einem Wettbewerb, einer Auslese hervorgehen. Das Konkurrieren um den Elitestatus verlängerte sich also in diese Eliten hinein. Um sich selbst zu erhalten, müßten sie nicht nur für nachrückende Eliten sorgen, sondern auch ihr Definitionsmonopol über Leistung und Erfolg innerhalb ihres Bereichs wahrnehmen. Verzichteten sie fahrlässig auf ihre Deutungskompetenz, müßten sie sich gefallen lassen, daß sie von anderen, weniger Kundigen wahrgenommen wird. Das zeigt sich etwa bei der Leistungsbewertung verschiedener Fachbereiche an den Universitäten. Solange die Vertreter des Fachs nicht ihre eigenen Leistungskriterien bestimmen, müssen sie mit der ministeriellen Quantifizierung ihrer Arbeit vorlieb nehmen.

In der empirischen Eliteforschung ist der Vorgang der Elitenrekrutierung am deutlichsten von dem Darmstädter Eliteforscher Michael Hartmann beschrieben worden. Bei der Rekrutierung wirtschaftlicher Führungspersönlichkeiten sorgt der Universitätsabschluß für nicht mehr als eine Vorauswahl; wichtiger als Leistungsnachweise sind Kleidungs- und Benimmcodes, eine breite bildungsbürgerliche Allgemeinbildung, persönliche Souveränität und Parkettsicherheit, so daß Kandidaten mit bürgerlicher oder großbürgerlicher Herkunft es weitaus leichter haben und sich auch schlechtere Leistungen erlauben können. Diese «Auswahl» ist beispielhaft für die Selbstreproduktion von Eliten, die aufgrund ihrer Position oder Funktion zu einer führenden Schicht etwa in der Wirtschaft gehören.[21]

In modernen Gesellschaften gibt es keine einheitliche Elite mehr, sondern nur miteinander konkurrierende Eliten in ganz unterschiedlichen gesellschaftlichen Bereichen (pluralistische Eliten). Der Zugang zu den Eliten muß durchschaubar bleiben und prinzipiell jedem offen stehen, was grundsätzlich eine sozial heterogene Zusammensetzung der Eliten zur Folge hat.

Ein schwieriger Konsens

Keine Gesellschaft kommt ohne Eliten aus. Aber sie wird sie weder planen noch heranziehen können. Allerdings kann sie günstige Bedingungen für die Förderung von Eliten schaffen. Die Eliten tun

ihrerseits gut daran, ihre Selbsterhaltung geschickt zu organisieren – etwa durch rechtzeitige Integration von konkurrierenden
Eliten. Gelingt ihnen das nicht, zieht das Versagen von Eliten
unweigerlich den Abstieg der Gesellschaft nach sich, die sie hervorgebracht hat. Ein Beispiel dafür ist der Zusammenbruch der DDR
und ihrer Führungskader, die ein in sich abgeschlossenes System
bildeten. In einem Elitenpluralismus kann es keine allgemeingültige
Definition von Leistung geben, sondern nur die unterschiedlichen
Leistungsauffassungen der jeweiligen Eliten in ihren Bereichen.
Neben Leistungsfähigkeit und einem hohen Maß an Leistungs-
bereitschaft werden sich auch moderne Eliten durch die Fähigkeit
auszeichnen, die Folgen ihrer Entscheidungen rechtzeitig zu erkennen und sie unabhängig von ihren eigenen Interessen strategisch
zur Geltung zu bringen. Sie müssen nicht nur durch hervorragende
Leistungen hervorstechen, die meist einen erheblichen Verzicht in
anderen Lebensbereichen sowie jahrzehntelange vorbereitende
Karrieren voraussetzen, sondern sich auch durch persönliche Eigenschaften wie ein hohes Verantwortungsbewußtsein auszeichnen.
In aller Regel wird es sich nicht gerade um enge Fachspezialisten
handeln, und wenn, dann um solche, die Zusammenhänge und
Gesamtentwicklungen im Blick behalten und Krisensituationen
scharf genug erkennen, um rechtzeitig darauf zu reagieren.

Eliten stellen sich selbst in Frage, wenn es keinen markanten
Zusammenhang zwischen persönlicher Tüchtigkeit und Zugehörigkeit mehr gibt. Das spiegelt sich im gängigen Ausspruch von
den Nieten in Nadelstreifen. Insofern nährt das Verhalten von Spit-
zenfunktionären in der Wirtschaft, die ihr von ihnen selbst wahrge-
nommenes Elite-Sein eher als Berechtigung denn als Verpflichtung
sehen, durchaus Zweifel an ihrer Zugehörigkeit zu einer bestimmten Elite. Sie mißverstehen ihre Vorrechte nämlich als gesellschaftlichen Status, der selbstverständlich legitimiert ist.

Eine der größten Versuchungen, denen Eliten schon immer
ausgesetzt waren, sind Dünkel und Selbstgefälligkeit. Überlegen-
heitsgebaren und Einbildung führen unweigerlich zum Machtmiß-
brauch, der Eliten grundsätzlich fremd sein sollte. Sie müssen in

einer demokratischen Gesellschaft damit vorlieb nehmen, Einfluß zu nehmen, aber nicht zu herrschen. In den vergangenen Jahren haben sich allerdings einige Eliten in Deutschland zur eigenen Einflußnahme immer stärker an Vertreter legitimer politischer Herrschaft angelehnt – das Lobbyistentum und die teilweise ausgeprägte Vetternwirtschaft zeugen davon. Lobbyisten verzichten zwar vordergründig auf die eigene Herrschaft, bedienen sich aber indirekt der Mittel der Herrschaft. Das deutet auf eine grundsätzliche Schwierigkeit: Je pluralistischer Eliten strukturiert sind, je stärker sie untereinander konkurrieren, desto komplizierter wird die in bestimmten Augenblicken erforderliche Zusammenarbeit der Eliten. Wegen der Zersplitterung der Eliten ist es in Deutschland üblich geworden, daß Eliten eher übereinander reden als miteinander. Es ist nicht einmal auszuschließen, daß sie immer voneinander wissen. Doch wie könnte sich die Verständigung unter Eliten vollziehen? Wie sollen die unterschiedlichen und in sich heterogenen Eliten einen Konsens finden, der sie in ihrer Außenwirkung stärkt, obwohl eine zentrale Leitinstanz fehlt? Vielleicht muß eine plurale Gesellschaft darauf verzichten. Jedenfalls überzeugt es nicht, einfach ein Elitesegment mit dieser Aufgabe zu betrauen, ohne genau zu begründen, warum ausgerechnet dieses Orientierungen vermitteln soll, die alle Eliten umgreifen. Das geschieht etwa bei Ernst-Wolfgang Böckenförde, der der katholischen Kirche, notfalls auch beiden Kirchen eine solche Rolle zuschreibt. Dafür gibt es aber keinen plausiblen Grund, denn die Kirchen haben ihr Deutungsmonopol längst eingebüßt. Auch sie müssen sich der Konkurrenz unterschiedlicher Weltdeutungen und Orientierungsangebote stellen.

Nationale Identität und Elite

Es ist kein Zufall, daß die Länder eine starke Elite mit einem ausgeprägten Selbstbewußtsein hervorbringen, die gleichzeitig ein intaktes Nationalbewußtsein besitzen. Eine Gesellschaft, die sich selbst nichts zutraut, glaubt insgeheim, einer Elite überhaupt nicht würdig zu sein, geschweige denn ihr trauen zu dürfen. Insofern enthält das alte Diktum, daß jede Gesellschaft die Eliten hat, die sie verdient, durchaus einen Funken Wahrheit. Franzosen, die bekanntermaßen nichts auf die *Grande Nation* kommen lassen, identifizieren sich nicht nur mit ihrer Sprache und ihrem Land, sondern halten auch viel vom System der Grandes Écoles, so antiquiert sie diese auch empfinden mögen. Die wiederkehrende Diskussion über die Legitimation der Grandes Écoles gehört gewissermaßen zum Ritual. Dennoch vertraut die Mehrheit der Franzosen nicht nur der Institution, sondern auch den Eliten, die sie hervorbringt. In Deutschland gibt es solche Rekrutierungseinrichtungen für Eliten nicht. Es mangelt an Selbstbewußtsein, Expertise und Elitebewußtsein. Nach den Erfahrungen mit Weimarer Republik, Nationalsozialismus und Sozialismus gab es geradezu einen Konsens, mit Elitezumutungen nicht mehr belästigt werden zu wollen.

Inzwischen hat es sich eingebürgert, vom doppelten Scheitern der Eliten im zwanzigsten Jahrhundert zu sprechen. Die deutschen Eliten hätten in ihrer ganz überwiegenden Mehrheit insofern versagt, als sie den demokratischen Weimarer Rechtsstaat nicht wirkungsvoll vor dem Angriff des Totalitarismus geschützt, sondern der unheilvollen Annäherung an nationalsozialistische Gedanken auch noch Vorschub geleistet hätten, lautet die einschlägige Argumentation. Doch *die* Eliten gab es damals so wenig wie heute, deshalb haben *die* Eliten auch nicht versagt. Solche Feststellungen nähren die Vorstellung von einer sozial einheitlichen Elite, die es schon in der Weimarer Republik, aber auch im Nationalsozialismus längst nicht mehr gab.

Max Weber hatte das Scheitern von Eliten zwischen 1914 und 1918 zum einen auf die im Bismarckreich gängigen, dem Staatsinteresse auf Dauer abträglichen Rekrutierungs- und Selektionsmechanismen der politischen Elite zurückgeführt, zum andern auf die politische Schwäche des deutschen Bürgertums, das nicht in der Lage gewesen war, im Bündnis mit der Arbeiterbewegung die Rekrutierung politischer Eliten zu verändern.[22] Webers Ideal war eine Elite, die für den Staat lebt, aber nicht etwa auf seine Kosten. Verzweifelt hatte er auf einen Austausch der Eliten im Sinne des Nationalstaates gehofft, doch er mußte ernüchtert feststellen, daß das Bürgertum keinen Machtwillen aufbrachte und es auch keine Gegenelite gab. Für den bürgerlichen Irrglauben, daß Bildungsdiplome politische Reife bestätigen könnten, hatte er nur Hohn und Spott übrig. Seine Analyse des Eliteversagens der wilhelminischen Gesellschaft wird zu einer schonungslosen Abrechnung mit den Privilegien des «Prüfungsdiplommenschen» der Weimarer Republik.[23]

Während Max Weber, Werner Sombart, Heinrich von Treitschke und andere die Reputation deutscher Wissenschaftler stärkten, auch wenn ihre Lehren durchaus aggressive oder gar rassistische Elemente (Treitschkes Schuldzuweisung an die Juden) aufwiesen, sympathisierte die Mehrheit der deutschen Professoren mit der republikfeindlichen Rechten und hielt Demokratie und Parlamentarismus nicht für Werte, die es zu verteidigen galt. Gleichzeitig konnte sich Deutschland eine Vorrangstellung in Technik, Medizin und Industrie sichern. Kein Staat errang mehr Nobelpreise, keiner hatte mehr Patente vorzuweisen. «Die Wissenschaft und die von ihr profitierende Industrie ... bildeten ein elitäres Substrat, dem immer wieder neue Heroen erwuchsen», konstatiert der Kieler Historiker Michael Salewski, der darauf hinweist, daß es einfach nicht zu den Aufgaben eines Professors oder eines Erfinders gehört habe, sich in die Frage einzumischen, wie der Krieg zu vermeiden sei.[24]

Diese Sicht kann allerdings leicht allzu exkulpierend wirken. Denn es gab durchaus Persönlichkeiten des kulturellen Lebens wie Karl Kraus oder den Graphiker Alfred Kubin, die sich für die drängende Frage nach dem Krieg nicht nur interessiert haben, sondern sich auch einmischten und ihrer Zugehörigkeit zu einer Elite damit eher gerecht wurden als diejenigen, die vorrangig ihre eigenen Interessen – und sei es hehre wissenschaftliche Forschung – verfolgten. Doch ihr Verhalten zeigt vor allem, wie genau differenziert werden muß. Gewiß wird man sagen können, daß der Kaiser, der seine eigene Zeit nicht zu begreifen schien, herrschende Häuser, die Kanzler, aber auch Staatssekretäre, Diplomaten und Generäle insofern «versagt» haben, als sie die Folgen eines Krieges nicht in vollem Umfang bedachten. Aber es überzeugt nicht, die Schuld am Ersten Weltkrieg einzelnen Personen oder einzelnen Eliten aufzubürden.[25] Offensichtlich war es das Zusammenwirken politischer Krisenzustände sowie die Fragmentierung innerhalb der Eliten selbst, die Weimar zum Scheitern brachten. Der vom Kaiser im Jahre 1890 entlassene Kanzler Otto von Bismarck schien die Defizite dieser Eliten zumindest geahnt oder gar erkannt zu haben: «Über die Fehler, welche in der auswärtigen Politik begangen wurden, wird sich die öffentliche Meinung in der Regel erst klar, wenn sie auf die Geschichte eines Menschenalters zurückzublicken im Stande ist ... Die Aufgabe der Politik liegt in der möglichst richtigen Voraussicht dessen, was andere Leute ... thun werden ... und ich kann mich beunruhigender Eindrücke nicht erwehren, wenn ich bedenke, in welchem Umfange diese Eigenschaften in unseren leitenden Kreisen verloren gegangen sind.»[26]

Eine gewisse soziale Geschlossenheit läßt sich nach dem Ersten Weltkrieg allenfalls für den Adel in Preußen feststellen; er teilte auch übereinstimmende politische Vorstellungen. Sein Heiratsverhalten, das einigen Bürgerlichen längst ein Dorn im Auge war, weil es sich im Zweifelsfall nicht um Liebesehen, sondern um Vernunftehen handelte, diente nicht nur der eigenen Erhaltung, sondern war auch antijüdisch und rassistisch. Schon 1920 hatte der Adel einen Arierparagraphen verabschiedet, der den Zugang zur Deutschen Adelsgenossenschaft eingrenzte. Im Süden sah der Adel, der dort auch weniger im Rufe des verknöcherten Junkertums stand, die Republik erheblich positiver und blieb Hitler gegenüber reservierter.

Einige Adlige galten als ausgesprochene Kunstbanausen, die nichts außer ihrer eigenen Welt wahrnahmen und Nietzsche für einen «Regimentskameraden», Tizian für einen «erfolgreichen Traber» und «Immatrikulation» für einen jüdischen Feiertag hielten.[27] Der Mainzer Zeithistoriker Michael Kißener hat darauf hingewiesen, daß die «Dekomposition» des preußisch-deutschen Offizierskorps schon damals begann und einerseits nationalsozialistische Haltungen begünstigte, andererseits aber auch Distanz und Widerstand gegenüber politischer Vereinnahmung ermöglichte.[28] Diese 1918/19 entthronte Elite habe auf dem Höhepunkt der Staatskrise in den Jahren 1930 bis 1933 über landwirtschaftliche Interessenverbände und unmittelbaren Zugang zum Reichspräsidenten und Standesgenossen Paul von Hindenburg ihren republikzerstörenden Einfluß ausüben können. Kaum war die Demokratie gestürzt und hatten sie den Staat an die Nationalsozialisten ausgeliefert, sicherten sich viele Adlige in Hitlers SS weiteren Einfluß: 18,7 Prozent der Obergruppenführer waren 1938 adliger Herkunft. Am 30. Januar konnte die NSDAP die Macht ergreifen, weil diese Elite ein Bündnis mit ihr eingegangen war, das später beim Handschlag zwischen Hitler und Hindenburg in der Potsdamer Garnisonskirche besiegelt wurde.[29] Doch auch diese Sicht auf das Scheitern der Weimarer Republik trifft nur einen Teil der Wirklichkeit. Denn selbst aus dem Adel und dem Militär war eine neue Elite entstanden, die über Standesgrenzen und politische Gegensätze hinweg den Widerstand gegen den nationalsozialistischen Totalitarismus suchte – das gilt insbesondere für die Verschwörung vom 20. Juli 1944, auch wenn sie scheiterte. Wieder war der Widerstand gegen die Nationalsozialisten im Süden ausgeprägter. Das gilt etwa für den Freiburger Kreis um den Nationalökonom Walter Eucken und den Historiker Gerhard Ritter, der sich als überzeugter Lutheraner der Bekennenden Kirche anschloß, aber auch für Vertreter der evangelischen Kirche sowie der Erzdiözese Freiburg, die sich für den Attentatsversuch 1944 engagierten. Widerstand gab es aber auch unter Ärzten (Hans Scholl und andere in der Widerstandsgruppe «Weiße Rose») und in der Industrie, wie beim Firmengründer Robert Bosch, der in Süddeutschland den Widerstand gegen Hitler organisierte. Diejenigen unter ihnen, die ihr Leben nicht in einem der nationalsozialistischen Vernichtungslager lassen mußten, übernahmen nach 1945 häufig einflußreiche Aufgaben in Politik und Gesellschaft und beeinflußten damit die Entwicklung der zweiten deutschen Demokratie.

Die Vergiftung des Elitebegriffs durch den Nationalsozialismus

wirkt jedoch bis heute nach: Elite wurde damals «ein weit über den
zur Jahrhundertwende üblichen antidemokratischen Zug aufgela-
dener ideologischer Begriff, der substantialisch an Leistung, Zucht-
auswahl und Konflikt gekoppelt ist und gleichzeitig durch rassische
Grundierung partiell ohne Leistungsbezug und Kampf für jedes
Mitglied der Volksgemeinschaft auskommt.»[30] Auch wenn im Dritten Reich fortgesetzt von Führung, Eliteeinheiten oder elitären
Überzeugungen die Rede war, blieb die Vorstellung von Elite immer unklar und konnte deshalb eine paradoxe Verbindung mit der
Rasse eingehen. Der Leistungsgedanke wurde völlig durch den
Rassegedanken ersetzt; deshalb gehörte prinzipiell jeder «Volks-
genosse» zur Elite. Denn der Nationalsozialismus hatte alle Mühe
darauf verwandt, den Eindruck einer egalitären Volksgemeinschaft
zu vermitteln, die jedem den Aufstieg ermöglicht. Zumindest im
Bildungswesen mißlang der Versuch, denn in den Schulen wurden
die Kinder der Arbeiter und Kleinbauern nicht eigens gefördert.
Vielmehr stammten auch 1939 insgesamt 40 Prozent der Abiturienten aus Beamtenfamilien. Auch an den Universitäten war die
Mehrheit der Studenten bürgerlicher Abstammung. Das änderte
sich erst 1938, als die sogenannten Langemarck-Stipendien für
junge Nationalsozialisten ohne Hochschulreife eingerichtet wurden.[31] Der Stand der Hochschullehrer hatte sich seit Januar 1933
durch Entlassungen wegen jüdischer Herkunft oder politischer
Mißliebigkeit um ein Drittel dezimiert. Vor allem die Klassische
Philologie, die Rechtswissenschaften, aber auch die Sozial- und
Wirtschaftswissenschaften hatten empfindliche Verluste erlitten.
Eine gezielte Nachwuchsrekrutierung an den Universitäten war
den Nationalsozialisten aber nicht gelungen.

Die Erfahrungen mit Eliten während des Dritten Reichs wirkte
vor allem in Wissenschaft und Gesellschaft bis weit in die siebziger
Jahre hinein: Bis 1968 galt es geradezu als Tabubruch, über Elite zu
reden, sollte nicht sofort ihr Versagen im Nationalsozialismus in
Erinnerung gerufen werden. Vor allem an den bildungspolitischen
Konflikten der siebziger und achtziger Jahre zeigt sich, daß vordergründig zwar über Latein und Griechisch, in Wahrheit jedoch um

Elitenrekrutierung gestritten wurde. Allerdings wurde Elitensehnsucht auch immer wieder artikuliert, z. B. 1955 vom damaligen Bundesinnenminister Gerhard Schröder (von 1953 bis 1961 Innenminister). Schröder hielt die Bildung einer politischen Elite für eine demokratische Ordnung für lebensnotwendig und sah den Erfolg Deutschlands nur dann gewährleistet, wenn die vorhandenen «Avantgarden zwar nicht äußerlich, aber ihrer Wirkung nach zu einer Elite verschmelzen».[32] Historiker, Soziologen, Politikwissenschaftler und Philosophen wandten sich dem Elitenproblem in den fünfziger Jahren in aller Zurückhaltung zu und bemühten sich vor allem darum, den antidemokratischen Zug des nationalsozialistischen Elitebegriffs zugunsten einer Versöhnung zwischen Demokratie und Elite zu korrigieren. Schon damals war wieder von Garanten des öffentlichen Lebens die Rede, andere mieden den Begriff und sprachen wie Helmut Schelsky[33] von einem normativen Führungsvakuum aufgrund der Bildungsexpansion und der verhängnisvollen Verwechslung von Ausbildung und Bildung.

Mit seinen Auffassungen schien Schelsky allerdings wie ein Rufer in der Wüste, die sich nach der völligen Retabuisierung des Elitebegriffs nach der kulturrevolutionären Umgestaltung von 1968 ausgebreitet hatte. Das Klima der sechziger Jahre war von Kritik gegen den Staat, aber auch gegen die Wirtschaft geprägt. Privates, Politisches und Wirtschaftliches rückten zusammen und wurden in einer neuen Zusammenstellung moralisiert. Gerade die Abscheu vor jeder Form von Elite, gepaart mit einem starken Willen zu demokratischen Umgangsformen hat dazu geführt, daß der Respekt vor der persönlichen Eigenwilligkeit und der Privatheit schwand und zu einer verkrusteten Struktur aus öffentlichen Meinungsvorlieben, bürokratischen Netzwerken und technokratischen Gesellschaftsmodellen führte.

Mit den Empfehlungen des Wissenschaftsrates vom 15. Mai 1981 änderte sich die gesellschaftliche Haltung gegenüber Eliten allmählich. Es müsse Menschen geben, die bereit und fähig seien, Außerordentliches zu leisten – in Politik, Verwaltung, Industrie, freien Berufen, Handwerk, Gewerkschaften, Wissenschaft und Schule.

«Solche Befähigung und Bereitschaft zu Außerordentlichem ent-
springt einer Summe von Begabung, Leistungswillen, moralischem
Engagement und Verantwortungsbewußtsein gegenüber allen
Mitbürgern. Jedes Gemeinwesen braucht Eliten dieser Art. Es
genügt aber nicht, darauf zu vertrauen, daß sie im Wechselspiel
von Herausforderung und Bewährung von selbst heranwachsen.»[34]
Denn außergewöhnliche Befähigung sei nicht von vornherein gegeben, sondern bilde sich erst in einem Prozeß heraus, in dem Erziehung und Selbsterziehung eine wichtige Rolle spielten. Daher
müsse sich das demokratische Gemeinwesen die bewußte Förderung derer, von denen außerordentliche Leistungen zu erwarten
seien, ausdrücklich zur Pflicht machen.

Bundestagsabgeordnete aller Parteien ergriffen 1969 die Initiative
und gründeten das Wissenschaftszentrum in Berlin. Dort arbeiten
über hundert deutsche und ausländische Wirtschaftswissenschaft-
ler, Soziologen, Politologen, Historiker, Statistiker, Informatiker
und Rechtswissenschaftler zusammen und betreiben soziale und
politische Grundlagenforschung. Das Wissenschaftszentrum ist
Mitglied der Leibniz-Gesellschaft und wird vom Bund und vom
Land Berlin finanziert. Noch stärker steht die Elitebildung bei dem
1981 gegründeten Wissenschaftskolleg im Mittelpunkt. Es beruft
für ein Jahr vierzig sogenannte «Fellows» von akademischem Rang
aus Natur-, Geistes- und Sozialwissenschaften, dazu ein bis zwei
Komponisten, Maler, Musiker oder andere Künstler. Für Wissenschaftler ist der Aufenthalt im Wissenschaftskolleg mit seinen
Arbeitsmöglichkeiten eine besondere Auszeichnung. Der jüdische
Religionsphilosoph Jacob Taubes, der in die Diskussion um die
Gründung des Wissenschaftskollegs hineingerissen wurde, hat
nicht nur daran Anstoß genommen, daß die an sich großartige Idee
eines Kollegs «in das Abseits einer Elitevorstellung zu gelangen»
drohte, sondern auch an den metaphorischen Texten, die geradezu
im Stile von Mythen den Heros beschworen.[35]

Sehr viel später kamen auch Fördereinrichtungen an den Schulen hinzu, etwa der Verein mathematisch-naturwissenschaftlicher
Excellence-Center an Schulen, eine Initiative der Arbeitgeber, die

Nachwuchs für Mathematik, Informatik, Naturwissenschaften und Technik, die sogenannten MINT-Fächer, begeistern soll. Zugang zum Netzwerk erhalten die Schulen über ein bundesweit einmaliges Auswahlverfahren.

Während der gesamten Ära Kohl schien die bequeme Vorstellung zu herrschen, daß schon alle, die es zu gewissem wirtschaftlichen Wohlstand und beruflichen Erfolg gebracht hatten, kurzum zur Mitte der Gesellschaft zählten, der Elite zuzurechnen seien. Als Kohl nach seiner Wiederwahl im Jahre 1983 seine sogenannte «geistig-moralische Wende» ausrief, geschah das zwar unter dem Begleitmotto: «Leistung muß sich wieder lohnen», und es war durchaus wieder von Leistungseliten die Rede. Den politischen Gegnern indessen galt Elite immer noch als Kampfbegriff. Das ging so weit, daß der von der anderen Seite zugeschriebene Elite-Status geradezu als Bezichtigung erfahren wurde. In den folgenden Jahren verlief die Trennungslinie zwischen Christdemokraten und Sozialdemokraten jedoch nicht mehr entlang den Vorstellungen von Elite. Vielmehr setzte sich der SPD-Wissenschaftssenator Peter Glotz frühzeitig für Elitebildung ein. Seit den neunziger Jahren sind die Eliten ständiges Thema bildungspolitischer und gesellschaftspolitischer Debatten.

Selbst in der DDR konnte von einer einheitlichen Elite nicht die Rede sein, sondern es agierten heterogene Eliten verschiedener Milieus, deren Traditionen und soziale Bindungen nicht einmal durch den Sozialismus gebrochen werden konnten. Dieses Ensemble von Eliten entwickelte sich im Lauf der Jahre planwidrig durch Selbstrekrutierung weiter. Der Kaderdatenspeicher, der eigentlich zur umfassenden Kontrolle gedacht war, bot Informationen über Eliten der DDR jenseits der Parteihierarchie. Die politisch Verantwortlichen hätten also den Zustand ihres Arbeiter- und Bauernstaates sehr genau kennen können, doch offensichtlich wurden die desillusionierenden Erkenntnisse bewußt nicht wahrgenommen. Nur so war die Wende möglich geworden. Erst beim Zusammenbruch der DDR unternahmen die politischen Führungskader den Versuch, durch Umbesetzungen an der Spitze gesellschaftliches

Vertrauen wiederzugewinnen, eine überalterte politische Führung zu verjüngen, Reformen einzuleiten und wieder Handlungsfähigkeit herzustellen. Diese Einsicht kam jedoch zu spät.[36]

Der Elitebegriff wird verramscht

Die Erfahrungen mit Eliten, zuletzt nach dem Zusammenbruch der DDR, haben dazu geführt, daß die «Elite» lange zu den Wörtern zählte, die in Deutschland nach dem nationalsozialistischen Regime niemand mehr in den Mund zu nehmen wagte: Nationalbewußtsein, Stolz, Tradition, Patriotismus – mit der Beziehung zum eigenen Land, zur eigenen Sprache, Literatur, Geistes- und Ideengeschichte sind Vorstellungen von Eliten unauflöslich verknüpft. Um so verhängnisvoller ist das Diktat der neuen Wissenschaftssprache Englisch überall dort, wo es den Verzicht auf die eigene Muttersprache nach sich zieht.

Es ist kein Zufall, daß Elitedebatten immer in Zeiten allgemeiner Unzufriedenheit, die Veränderungen erzwingen, eine besondere Rolle spielen. Sie werden dann zu einem Teil der Reformrhetorik. Plötzlich sollen «die» Eliten bewerkstelligen, was bisher nicht gelang. Sie bieten sich als bequeme Adressaten solcher diffusen Änderungssehnsüchte an, weil sie weniger klar zu unterscheiden sind als Organisationen und Verbände, denen außer Lobbyismus ohnehin nicht mehr viel zugetraut wird.

Die Wiederkehr des Elitebegriffs zeigt sich daran, daß er zum beliebigen Markenzeichen werden konnte, zuweilen sogar verramscht wird. Elite ist kein geschütztes Gütezeichen, deshalb kann es jeder für alles in Anspruch nehmen. In der Warenwelt erweckt das Elite-Etikett beim Käufer den Eindruck, sich über den Kauf des Produkts selbst ein Statussymbol zulegen zu können. Das suggeriert zumindest eine große deutsche Kaufhauskette, deren Hausmarke «Elite» heißt. Selbst Menschen mit geringer Kaufkraft soll auf diese Weise vorgegaukelt werden, zur Elite der Konsumenten zu gehören. Ein «Elite Personalservice», der in Berlin und Dresden agiert, sucht nicht etwa führende Wissenschaftler oder andere

Führungskräfte, sondern vermittelt Zeitarbeit. Besonders anzie-
hend wirkt das Elite-Etikett auf Partnervermittlungen, die auf
ein zahlungskräftiges Publikum setzen und damit eine Vorauswahl treffen. Die Vermittlung «ElitePartner», die in Deutschland, der Schweiz und in Österreich angesiedelt ist, wirbt bei
«Singles mit Niveau» damit, daß 67 Prozent ihrer Mitglieder studiert haben, und mit dem Motto «Klasse statt Masse». Wer dann
sieht, daß einige hunderttausend Mitglieder registriert sind, wird
sich verwundert die Augen reiben über den plötzlichen Zuwachs
von Eliten, für die das Signum «hat studiert» als Kriterium auszurei-
chen scheint.

Nicht verwunderlich ist, daß die Verramschung des Elitebegriffs
inzwischen auch die Schulen und Hochschulen erreicht hat. Dazu
zählt nicht nur die Kür der Spitzenhochschulen, sondern vor allem
der private Sektor der Bildungseinrichtungen, die das frei verfüg-
bare Elite-Etikett an ihre Neugründungen heften und entsprechend
hohe Studiengebühren verlangen, ohne daß sie ihre Leistungsfähigkeit überhaupt hätten unter Beweis stellen müssen. Sie bieten
aber gegen Gebühren Zertifikate an, die den Zugang zu den Eliten
ebnen sollen. Der alte Gegensatz von Masse und Elite der klassischen Elitetheorien ist in die Bildungspolitik zurückgekehrt. Das
hat nicht nur Folgen für die sogenannte Massenuniversität, die in
Deutschland mit wenigen Ausnahmen noch durchaus Niveau
hatte, sondern auch für die privaten Neugründungen, die sich nie
in eine staatliche Universität eingliedern ließen, sich allenfalls zu
einer projektbezogenen Zusammenarbeit bereit fänden. Stiftungen
wie die Volkswagenstiftung, die Karg-Stiftung oder die Gemein-
nützige Hertie-Stiftung ziehen es deshalb vor, eigene Einrichtungen
aufzubauen. Begünstigt wird diese Entwicklung durch das Bestre-
ben, eine Internationalisierung der Studiengänge zu erreichen, die
sich am angelsächsischen Modell orientiert. Amerikanische Elitehochschulen mit einem vielfachen Finanzvolumen werden zu Vorbildern erhoben, aber kopiert werden eher ihre Schwächen als ihre
Stärken: Das kostspielige Tutorenwesen etwa, den Erfolgsgaranten
jedes sogenannten Bachelor-Studiengangs, glauben deutsche Län-

der sich nicht leisten zu können. Sie berauben damit die Bachelor-Studiengänge ihrer Vorteile. Die Möglichkeit, Studenten und Dozenten oder Professoren selbst auszuwählen, ist nur dann sinnvoll, wenn die Hochschulen auch über die nötigen finanziellen Ressourcen verfügen, an denen es amerikanischen Hochschulen wegen der hohen Studiengebühren nicht fehlt. Eine gezielte Auswahl der Studierenden erfordert hohen personellen Aufwand. Die besten Köpfe unter den Lehrenden lassen sich nur gewinnen, wenn Hochschulen größere Verhandlungsspielräume bei den Gehältern besitzen. Deutsche Professorengehälter sind nach der Einführung der sogenannten W2-Besoldung längst nicht mehr wettbewerbsfähig. Es bleibt also bei einer Nachahmung der Schwächen und insofern auch hochschulpolitisch bei einer Verramschung des Elitesiegels.

2. Erziehung für die Polis: Elite in der Antike

Auch wenn sich die uns vertrauten Erscheinungsformen der Eliten erst entwickelten, als das Bürgertum Herrschaft und Vorrechte des Adels in Frage stellte und gleichzeitig geburtsständische Privilegien durch persönliche Verdienste zu ersetzen trachtete, hat es zu allen Zeiten Eliten gegeben, auch in der Antike. Elitevorstellungen in der Antike waren immer mit besonderen Tugenden sowie einer ständischen Erziehung und Bildung verknüpft. Allerdings war Bildung der Oberschicht vorbehalten, und in Rom auch ausschließlich den Männern. Es ist kein Zufall, daß der Wortstamm des *vir* zum Hauptbestandteil des lateinischen Wortes für Tugend und Mannhaftigkeit (*virtus*) wurde. Die Mädchen blieben unter den Frauen und wurden mit zwölf bis vierzehn Jahren verheiratet. In der geistigen Entwicklung hinkt Rom im Vergleich zu Griechenland etwa zwei Jahrhunderte hinterher. Die römische Tugend ist nichts anderes als die alte Moral der antiken Stadt, der die im ganzen doch barbarisch bodenständigen Römer verpflichtet blieben, während die Griechen ihren Begriff der *paideía* bis hin zu einer personalistischen Ethik weiterführten.

Zwischen Erziehung und Bildung unterscheidet naturgemäß weder die römische noch die griechische Antike. Denn der griechische Begriff der *paideía* bezieht sich sowohl auf die intellektuelle Bildung als auch auf die musische und ethische Erziehung und meint den Bildungsprozeß selbst und dessen Ergebnis. Zumindest in der frühen Antike dient Bildung nicht der Entwicklung von Individualität, sondern im wesentlichen der Eingliederung des Individuums in die Gesellschaft. Schließlich gab es in der Antike ohnehin kein Privatleben im neuzeitlichen Sinne; das gilt sowohl für die römischen Senatoren, die von der öffentlichen Meinung abhängig waren, als auch für den griechischen Polis-Bürger. In Rom meint Bildung nicht mehr als die Erziehung zu bestimmten Tugenden.

Selbst dabei konnten die Römer keine Eigenständigkeit für sich beanspruchen, denn sie übernahmen nur von den Griechen, was dem Nutzen (*utilitas*) und der Alltagspraxis (*usus*) diente. Musische Fächer fielen also aus. Wenn sich die Römer sportlich betätigten, dann zu militärischen Zwecken. Wer unter den Männern ein Musikinstrument spielte, wurde mit Argwohn bedacht, auch singende Frauen schätzten die Römer erst in der späten Kaiserzeit, in der auch Gesangsschulen entstanden.

Der entscheidende Unterschied zur griechischen Bildung liegt darin, daß dem römischen Bildungsideal der individuelle Akzent der *paideía* fehlt und der politisch denkende Römer die Heranwachsenden für ihre spätere Rolle im Staat, in der *res publica*, erzieht. Erste Ansätze zu einem ausgeprägten Individualismus finden sich erst in Marcus Tullius Ciceros Werk *Über den Redner* (*De oratore*). Selbst Cicero, der Philosophie als Voraussetzung optimaler rhetorischer Fähigkeiten für unverzichtbar hielt, glaubte aufgrund des sozialen Drucks seine philosophische Beschäftigung als *otium,* also als Müßiggang, rechtfertigen zu müssen, während er die Betätigung in der Politik – ganz dem republikanischen Ideal verhaftet – als Hauptbeschäftigung (*negotium)* betrachtete. Die altrömische Erziehung fokussierte sich ausschließlich auf die Achtung der Gebräuche der Vorfahren, der *mores maiorum.* Diese Traditionen an die nachfolgenden Generationen weiterzugeben und als tugendhafte Norm achten zu lehren war die wesentliche Aufgabe der Erzieher, die durch ihr Vorbild für die Glaubwürdigkeit der früheren Sitten zu bürgen hatten. Es war ausgeschlossen, die Autorität der *mores maiorum* anzuzweifeln. Die sogenannten *res novae* erschienen deshalb nicht nur als modische Neuerungen, sondern regelrecht als umstürzlerische Bestrebungen, die auf einen Oberschichten-Römer bedrohlich revolutionär wirken mußten. Erzogen wurde innerhalb der Familie, wo dem *pater familias,* dem Familienoberhaupt, unbedingte Autorität entgegengebracht wurde. Die Familie war und blieb der Ort der Erziehung und Elitebildung, wobei die Mutter sich zur Dienerin ihrer Söhne machte und zu Hause blieb. Es war im frühen Rom ausgeschlossen, die Erziehung einer Sklavin zu überantworten oder die Kinder wegzugeben; nur in Notfällen wurden sie einer Verwandten anvertraut. Der eigentliche Erzieher jedoch blieb der Vater – ganz im Unterschied zu Griechenland, wo ein Vater, der sich zu viel um sein Kind kümmerte, sich unversehens lächerlich zu machen drohte. Mit etwa sechzehn Jahren war die Erziehung in der Familie beendet, und der junge Mann wurde ein Jahr lang politisch unterwiesen (*tirocinium fori*), darauf folgte der Militärdienst. Die Söhne der vornehmen Familien konnten sich einer Sonderbehandlung sicher sein. Im Unterschied zu den übrigen Rekruten wurden sie von Schutzverwandten angeleitet und konnten bald auf hervorgehobenen Stellen als Generalstabsoffiziere, als *tribuni militum*, ihren Dienst tun. Wesentlich für die römische Erziehung war, den Jüngling mit einem System sittlicher Werte vertraut zu machen und ihm einen bestimmten Lebensstil, ein standesgemäßes gesellschaftliches Auftreten zu vermitteln. Auf diese Weise wurde er auf die spätere Rolle des *pater familias* vorbereitet, der das Erbe ordentlich verwaltete und für die Weitergabe der Tradition sorgte. Im Unterschied zu Griechenland, wo das homerische Ideal der individuellen Leistung als Quelle des Ruhmes und der Überlegenheit ansporte – Sophokles hat dieses Werteideal in seinem *Ajax* beschrieben –, fand sich in Rom keine vergleichbare Vorstellung, so daß ein einzelner seine Leistung nie für sich in Anspruch nehmen konnte. Leistung blieb immer streng ihrem Zweck, dem Wohl des Staates, untergeordnet.[1] Der römische Held stellte sich ohne Abstriche in den Dienst der *res publica*. Hellenistische Eleganz in Vorbereitung auf ein aristokratisches Leben, in dem sportliche oder kriegerische Leistung mit eleganter Muße wechselte, sucht man in Rom vergeblich. Die älteste römische Unterweisung war eine bodenständige Erziehung für Landbauern, die auf die Adelsschicht zugeschnitten war; sie blieb bis zum Ende des sechsten Jahrhunderts bestimmt vom Landadel, der seine Felder selbst bebaute.

Um Sport oder gar sportliche Wettbewerbe nach griechischem Vorbild scherten sich die Römer nicht, lieber ließen sie ihre Gymnasien ungenutzt. Auch intellektuelle Betätigung war nebensächlich, denn die alte lateinische Erziehung setzte pragmatisch auf die Tugenden des Landwirtschaft treibenden Bürgers *(labor, industria* etc.) und auf den Soldaten. Da die Senatorenfamilien, der römische Adel, sich mit dieser Konzentration auf Ackerbau und Kriegskunst nicht begnügen wollten, begannen sie, Privatlehrer als Vertreter des Vaters zu Hause zu beschäftigen oder griechische Sklaven einzusetzen, die dann zuweilen freigelassen wurden. Schließlich wußten sie, daß sie ihren Kindern nichts Besseres zugute kommen lassen konnten als eine griechische Ausbildung, die für einen vornehmen Römer unerläßlich war. Nie stand die intellektuelle Bildung im Mittelpunkt, sondern die Gesinnung: Die Lehrer waren *parentes mentium* (Eltern der Gesinnung). *Bonae artes* wie Rhetorik und Philosophie, Rechtswissenschaft und Medizin, die sich schon im ersten Jahrhundert vor Christus dem griechischen Einfluß verdankten, waren dem *vir bonus,* dem tüchtigen Mann, dienlich und die eines Freien würdige Erziehung (*eruditio libero digno*). Ein öffentliches Schulwesen gab es in der Antike nicht, vielmehr handelte es sich um Privatunternehmen von Lehrenden, die sich für ihren Unterricht bezahlen ließen. Wenn ein römischer Kaiser sich überhaupt um die Schulbildung kümmerte, handelte es sich meist um eine kurzfristige philanthropische Anwandlung oder aber um den Versuch, die oligarchischen Prinzipien der Jugendbildung aufrechtzuerhalten. Eine verstaatlichte Erziehung konnte sich nicht etablieren, auch wenn viele Städte weiterhin öffentliche Schulen unterhielten, ohne dafür je eine staatliche Zuwendung zu erhalten. Es ging nie um eine Förderung Benachteiligter oder unterer Schichten, sondern immer um Bildung für die Vornehmen und damit indirekt um die Reputation des betreffenden Konsuls, der auf diese Weise versuchte, sich im Konkurrenzkampf der Städte Vorteile zu sichern. Die Lehrer wurden aus privaten Stiftungen oder von den Städten bezahlt, die auch die Verantwortung für die Bildungspolitik trugen. Immerhin genossen römische Lehrer Steuerfreiheit, die der Kaiser allerdings immer wieder bestätigen mußte.[2] Das dürfte den Neid heutiger Pädagogen wecken, die beim Finanzamt erfolglos um die Anerkennung ihres häuslichen Arbeitszimmers kämpfen.

Systematisiert wurde die römische Unterweisung im zweiten Jahrhundert vor Christus: Auf den Elementarunterricht, in dem Schreiben und Lesen gelehrt wurde, folgte der Grammatikunterricht in lateinischer und griechischer Sprache, in dem die Schüler Dichtungen von Homer, Menander, Horaz, Terenz und Vergil lasen.[3] Die dritte Stufe bildete die Rhetorikunterweisung, bei der es weniger um Lesen ging, als um Auswendiglernen und strukturiertes Reden mit überzeugenden Argumenten. Erst in der Spätantike haben die römische Oberschicht in den Städten und die gallische Senatsaristokratie ihren wesentlichen Lebensinhalt darin gesehen, das geistig-literarische Erbe der Vergangenheit zu bewahren, sich mit klassischer Literatur zu beschäftigen und eine gewandte Ausdrucksweise einzuüben.[4]

Humanitas als spätrömisches Bildungsideal

Konfliktfrei verlief die Anknüpfung römischer Erziehungsvorstellungen an das griechische Ideal der *paideia* keineswegs, denn diese war durch ihren individuellen Akzent nicht ohne weiteres mit den Zielen der *res publica* in Einklang zu bringen. Griechisch zu werden (*pergraecari*) hieß sittenlos zu werden und in Saus und Braus zu leben. Mancher Oberschichten-Römer gefiel sich in einer Verleugnungshaltung (*dissimulatio*) und wollte den griechischen Einfluß zugunsten der etablierten politischen Unterweisung (*tirocinium fori*) schmälern. So blieb es dabei, daß sich die Römer durch die Festigung der Familienstrukturen politische Stärke erhofften und darauf setzten, daß die staatsloyale Erziehung dafür sorgte, daß sich die junge Generation mit der *res publica*, dem Staatswesen, identifizierte und in seinen Dienst nehmen ließ. Es ist bezeichnend, daß die Römer kein eigenes Wort für Bildung besaßen, jedenfalls ist die römische Erziehungsvorstellung mit *eruditio* (*erudire aliquem in aliqua re*) und *doctrina* nur unzulänglich erfaßt. Am ehesten beschreibt der Begriff der *humanitas* (Menschlichkeit) Erziehung im umfassenden römischen Sinne. Dabei ist einerseits Rücksicht auf Unterlegene im Sinne von Barmherzigkeit gemeint, aber auch der geistreiche und taktvolle Umgang miteinander, die *urbanitas*. Urbanität steht für eine feine lockere Lebensart, wie sie beim Stadtrömer, aber vor allem bei den gesellschaftlichen Eliten vorkam, die von Berufs- und Amtspflichten entlastet waren. Hinzu traten heitere Gesinnung, Freundlichkeit, Umgänglichkeit, feiner Witz, Eleganz, Scherz in Verbindung mit literarischer Bildung, wie Cicero sie im sogenannten Scipionenkreis mit seinem reinen Latein vorgezeichnet sah. Die meisten Römer blieben Analphabeten, während eine dünne Oberschicht eine eigene Lebenskultur pflegte.

In seiner Verteidigungsrede für den griechischen Dichter Archias (*Pro Archia*), dem die Anmaßung des römischen Bürgerrechts vorgeworfen wurde, hat Cicero im Jahr 62 vor Christus im zweiten Teil seiner Argumentation menschliche Bildung im Sinne der *humanitas* beschrieben. Er bezieht sich dabei auf das homerische Ideal und knüpft an die aristotelisch-stoische Tradition an, die in der Vernunft eine ausgezeichnete Eigenschaft (*proprietas*) des Menschen sieht, die nun mit der Bildung (*doctrina*) in Beziehung gesetzt wird.[5] Die *studia humanitatis* sollten diese Vernunftnatur zur vollkommenen Gestalt und damit zum eigentlichen Menschsein ausbilden. Traten noch die klassischen Tugenden (*virtutes*) wie Unbestechlichkeit, Standfestigkeit und Rechtschaffenheit hinzu, waren die beiden entscheidenden Kriterien für die Zugehörigkeit zur Elite erfüllt. Wer zur Elite gehören wollte, mußte vor allem reden können und über ausreichende Bildung verfügen.

Gleichwohl gelang es Cicero in seiner für damalige Verhältnisse bemerkenswert individualisierten Beschreibung des idealen Redners (*De oratore*) nicht, die jungen Römer von ihrer simplen utilitaristischen Denkweise abzubringen, die über der bloßen Methodenkenntnis die Inhalte außer Acht ließ. Wer nur die Regeln der Rhetorik gleichsam mechanisch anwendete, gelangte in Ciceros Augen über leeres und beinahe kindisches Geschwätz nicht hinaus.[6] Er verwies die Römer auf die notwendige philosophische Grundbildung (*cives doctiores facere*), auf die Kenntnis des Rechts und der Geschichte, doch ihnen ging es häufig nur um die Einübung elitärer Rituale literarischer Kommunikation. So diente Bildung im klassischen Rom weiterhin als Mittel zum Zweck und beförderte den sozialen Aufstieg.

Die Zugehörigkeit zur Oberschicht zeigte sich nicht nur in den Statussymbolen, sondern auch in den religiösen Anschauungen. Da es in Rom keine Staatsreligion gab, sondern jeder seinem eigenen Götterglauben anhing, wurde die enge Verbindung zwischen Heidentum und hoher Bildung geradezu zu einem Kennzeichen der Spätantike. Während beim gemeinen Volk die mit dem Mithraskult verbundene Sonnenverehrung beliebt war, wandten sich die gebildeten römischen Heiden in der Spätantike dem anspruchsvollen Neuplatonismus zu, der die Lehren von Pythagoras, Platon und Aristoteles mit den alten antiken und orientalischen Religionen zu vereinen suchte. Der hohe Bildungsstand in Verbindung mit einem heidnisch-synkretistischen Glauben war in der Oberschicht so verbreitet, daß die ersten Christen der Spätantike aufgrund ihres hohen Bildungsstandes leicht in Verdacht gerieten, doch noch heidnischem Glauben anzuhängen.

Angehörige der imperialen Elite, zu der der Senatoren- und Ritterstand zählten, hatten in der frühen römischen Republik ihren Dienst bei der Kavallerie nachzuweisen. Dort lernten sich die Söhne der einflußreichen Städter und Provinzbewohner während der Ausbildung und bei ihren Einsätzen kennen und verstanden es später, diese Kontakte geschickt zu nutzen. Der berittene Militärdienst war im alten Rom eine der wesentlichen Voraussetzungen für den Aufstieg in die Aristokratie. Erst als das Römische Reich kurz vor dem Untergang war, schwächte sich die enge Verbindung von Elitestatus und Militärdienst ab. Trotzdem war es möglich, daß sich Gebildete nichtadliger Herkunft aufgrund ihrer hervorragenden Kenntnisse gesellschaftlich hocharbeiteten und Anerkennung erlangten. In der Spätantike eröffneten sich an der Wende des dritten zum vierten Jahrhundert in Zeiten des Soldatenmangels selbst für Angehörige der barbarischen Völker erstaunliche Möglichkeiten, in den Dienst des römischen Reiches zu treten. Die Zugehörigkeit zur Oberschicht hing also nicht mehr einzig und allein von der Herkunft ab. Militärische Ämter verschafften sogar den ungebildeten Germanen Zugang zu den obersten Klassen der Gesellschaft, zum senatorischen Erbadel, wo sie allerdings nur den niedersten senatorischen Rang der *viri clarissimi* einnahmen. Es gelang ihnen nicht, sich ganz in die römische Führungsschicht zu integrieren und vor allem als gleichwertig anerkannt zu werden.[7] Traditionelle Zirkel der Senatsaristokratie waren nicht nur durch Abstammung und Landbesitz, sondern auch durch ihre Auszeichnungen im öffentlichen Dienst und die Einhaltung eines bestimmten Verhaltenskodex (*honestas vivendi*) im Vorteil. Die Bildung, die ein römischer Senator von Jugend an erworben hatte, ließ sich nicht mehr im Schnelldurchlauf nachholen. Den «Barbaren» blieb daher nichts anderes übrig, als sich dem Bildungsniveau eines Oberschichten-Römers einigermaßen anzunähern oder Kontakt zu bekannten Gelehrten zu suchen, um sich auf diese Weise in der griechisch-römischen Geisteswelt zu beheimaten. Viele mußten sich damit begnügen, ihren Kindern jene umfassende Bildung angedeihen zu lassen, die sie gern selbst genossen hätten. Andere suchten die Annäherung an gebildete Römer während des Militärdienstes. Dabei mußten die Bildungshungrigen unter den Barbaren brieflich in Kontakt mit römischen Gelehrten treten, sofern sich einer fand, der ihnen auch antwortete. Sie konnten keineswegs mit der Bereitschaft von Senatoren und Gelehrten rechnen, mit Germanen oder anderen «Barbaren» in Verbindung zu treten. Es gibt nicht wenige barbarenfeindliche Äußerungen spätantiker Gelehrter. Wenn einer der bekannten Senatoren dann doch zurückschrieb, wurde daraus für den Adressaten kulturell und gesellschaftlich ein Ritterschlag vor der gesamten «Militäröffentlichkeit».

Während die Statussymbole der Aristokratie in Griechenland keine gesellschaftlichen Unterschiede begründeten, gab es in Rom einen regelrechten Kult der Rangabzeichen und Statussymbole, die innerhalb der führenden Schicht für erhebliche Konkurrenz sorgten. Im römischen Kaiserreich wurde die Herrschaft der Reichen dadurch gesichert, daß Bürgerrechte an Vermögen gekoppelt wurden. Die gesellschaftliche Stellung drückte sich im *census,* also in der Vermögensschätzung, aus – und damit auch der Status einer

bestimmten Person. Selbst über die Mitgliedschaft im Senat ent-
schied der Geldbeutel. Wer nicht mindestens über eine Million
Sesterzen verfügte, hatte keine Aussichten, der Reichselite anzugehören. Doch Reichtum allein genügte nicht. Nicht nur das materi-
elle Erbe wurde auf den Sohn übertragen, sondern auch die *merita*,
die öffentlichen Verdienste des Vaters, um ihm eine vergleichbare
Aufgabe zu sichern. «Die jeweils neue Elite einer Generation er-
wuchs aus der alten Elite.»[8]

Steinerne Erinnerung

Während der Eroberung des Mittelmeerraums gelangte die römische Oberschicht zu solchem Reichtum, daß sie sich im wechsel-
seitigen Zur-Schau-Stellen ihrer Statussymbole überbot. Schmuck,
Kleidung, prachtvolle Häuser, Pferde prägten den dekadenten
Statuswettbewerb, bis schließlich Gesetze zur Begrenzung des privaten Aufwandes (*leges sumptuariae*) erlassen werden mußten. Die
degenerierende Wirkung des Luxus haben die römischen Philosophen geradezu gegeißelt. So klagte der ältere Seneca im Prinzipat
darüber, daß nichts tödlicher auf den Geist wirke als der Luxus.
Weil die Prunksucht nicht einmal vor den Gräbern halt machte,
ließen sich pompöse Begräbnisse nur mit Grabluxusgesetzen
zügeln. Denn die steinerne *memoria*, die Gedenkstätte, blieb die
einzige Möglichkeit, der Vergänglichkeit zu entrinnen. Es handelte sich dabei nicht nur um *statuae equestres*, also um Reiterstand-
bilder, Zwei- oder Viergespanne, Ehrenbögen oder Statuen, sondern auch um die dazugehörigen Zeichensysteme. Die privilegierten Mitglieder der Gesellschaft sicherten sich den Nachruhm
durch entsprechende Grabsteininschriften, während der gemeine
Rest im anonymen Massengrab der Vergessenheit anheimfiel.

In der *pompa funebris*, dem römischen Begräbnis, wurde öffentlich gemacht, welch mächtiger Familie der Tote angehörte, weil
die Vorfahren als Prätoren und Konsuln dort in Amtstracht auftra-
ten – zumeist mit Wachsmasken, die von den Toten genommen
worden waren. Der nächste Verwandte hielt die Totenrede, die *lau-*

datio funebris. Weil sie flüchtig war, wurden ihre Kernaussagen in der Grabinschrift festgehalten. Besonderes Aufsehen erregten die Grabinschriften dann, wenn sie von Freigelassenen, also ehemaligen Sklaven, handelten (ein Dauerthema in den *Satyrika* des Petron), von denen es viele Tausende in Rom und seinen Provinzen gab. Weil ihnen der Vater fehlte, blieb ihnen zwar der Platz in der Elite verwehrt, doch wurden der *cursus honorum*, also das öffentliche Leben mit allen Ämtern, und das *curriculum vitae* um so ausführlicher ausgebreitet. Das gilt zumindest für die kaiserlichen Freigelassenen (*liberti*), die in den Provinzen bis zum Rang eines Prokurators gelangen konnten, der eine gesamte Verwaltungseinheit zu leiten hatte.[9] Die Grabinschriften waren freilich wenig individuell, sie blieben dem ausladenden Lob der Tugenden und dem konventionellen *cursus honorum* verhaftet. Wer nicht auf eine beachtliche Ämteransammlung verweisen konnte, mußte jung gestorben sein – so verraten es die eingravierten Texte. Denn nicht auf öffentliche Ämter zu verweisen, wäre dem gesellschaftlichen Scheitern gleichgekommen, war doch die Übernahme öffentlicher Ämter die erste Bürgerpflicht des Römers.

Wie sehr diese Angleichung der Emporkömmlinge die wahren Patrizier empörte, zeigt ein Brief Plinius' des Jüngeren an seinen Freund Montanus, in dem er von der Grabinschrift des ehemaligen Sklaven Pallas berichtet, der es nach seiner Freilassung zu Ansehen und Reichtum gebracht hatte: «Ich habe mich niemals über etwas gewundert, was eher dem Glück als echtem Verdienst entsprungen war. Doch hat mir diese Inschrift so recht zu Bewußtsein gebracht, wie possenhaft und albern doch ist, was bisweilen für solchen Dreck, solchen Schmutz vertan wird, was schließlich dieser Galgenstrick teils anzunehmen, teils auszuschlagen und als Probe seiner Bescheidenheit gar der Nachwelt zu überliefern sich erdreistet hat.»[10] Doch damit nicht genug. Plinius spießt in seiner Entrüstung auch die unglaublichen Details auf: «Ihm hat der Senat wegen seiner Treue und Anhänglichkeit gegen seine Schutzherren die Insignien eines Prätors bewilligt, außerdem fünfzehn Millionen Sesterzen; bei letzterem begnügte er sich mit der Ehre.»[11] In der Tat, Pallas hatte die fünfzehn Millionen Sesterzen verschmäht – das, so ereifert sich Plinius, war die einzige Möglichkeit, noch anmaßender zu erscheinen, als wenn er sie angenommen hätte. Denn damit zeigte der Sklave seine noch größere Überlegenheit in einer Zeit, in der Besitz zum Leidwesen des Plinius ohnehin wichtiger geworden zu sein schien als die wirklichen Werte des Lebens (*pretia vitae*), insbesondere Kunst und Wissenschaft, die dadurch zu Fall gekommen seien. Ein Freigelassener also wagte es in den Augen des Plinius, sich dreist dem Beschluß des Senates zu widersetzen. Das war zu viel für sein Standesdenken, denn wie konnte ein *homo novus*, ein freigelassener Sklave und Emporkömmling, seine überhebliche Uneigennützigkeit derartig zur Schau stellen? Man «hielt es für angebracht, alle Ehrenämter des widerwärtigen Sklaven, sowohl die, die er ausgeschlagen, wie auch die, die er … angenommen hatte, auf dem Erz zu verzeichnen. … Vor aller Augen wollten sie ihre Untugenden festgenagelt wissen, Pallas seine Überheblichkeit, der Kaiser seine Schlappheit, der Senat seine Unterwürfigkeit»,[12] ärgert sich Plinius weiter über die Grabinschrift. So häufig der soziale Aufstieg im Kaiserreich möglich war, so groß war die Mißgunst der obersten Senatsaristokratie gegenüber denjenigen, die es tatsächlich geschafft hatten, ohne die Abstammung aus einer angesehenen Familie zu ihnen zu gehören und dies auch noch nach ihrem Tode zu verewigen. Denn der neuen Elite blieb nichts anderes, als auf die althergebrachten Repräsentationsmittel zurückzugreifen.

Besonders pikant wurde die Abfassung der Grabinschriften, wenn ein Mitglied der Elite schon zu Lebzeiten mit einer Statue geehrt werden sollte und dann für die Inschriften selbst verantwortlich war.

Selbst spätere demokratische Eliten haben Wege gefunden, für das eigene Andenken zu sorgen und sich im Stadtbild zu verewigen. Das gilt für amerikanische Präsidenten und ihre Bibliotheksstiftungen ebenso wie für französische Staatsoberhäupter, die Museen und Nationalbibliotheken errichteten oder sich durch einen architekturstrategischen Kunstgriff in die historischen Triumphe der eigenen Geschichte einreihten. François Mitterrand ließ den Neu-

bau im Louvre genau in der Fluchtlinie des Arc de Triomphe in
Paris plazieren.

Wie in Rom fanden sich auch in Griechenland auf Grabdenkmä-
lern, Gedenksteinen und Statuen Hinweise auf die geistige Bildung
des Verstorbenen. Denn Bildung war die einzige Möglichkeit, sich
Unsterblichkeit regelrecht zu erarbeiten. Geistige Arbeit, die Betätigung in Kunst und Wissenschaft, galten als Tugendübungen, die
der Seele zur Reinheit von irdischen Leidenschaften verhelfen
sollten. Jeder Dichter, Denker, Wissenschaftler oder Künstler, der
Gebildete konnte also danach streben, ein Mann der Musen zu
werden (*mousikòs anér*). Der französische Historiker Henri Irénée
Marrou (1904 bis 1977) charakterisiert treffend: «Die *paideía* als
göttliche Sache, als himmlischer Zeitvertreib, als Adel der Seele
war mit einer Art weihevollem Glanz umgeben»,[13] besaß einen geradezu religiösen Charakter. Denn die hellenistische Bildungsreligion blieb nach dem Zusammenbruch der antiken Glaubensvor-
stellungen der einzige Wert, auf den noch Verlaß war. Doch das
gilt erst für den Höhepunkt der griechischen Erziehungs- und Bildungsvorstellungen, die Anfänge blieben noch ganz dem ritterlichen
Idealbild verhaftet.

Vom ritterlichen Ideal zur Persönlichkeitsbildung

In der vorhomerischen Zeit (bis zum achten Jahrhundert vor Christus) standen Erziehung und Bildung ganz im Zeichen der *areté*, die
mit dem deutschen Wort «Tugend» oder «Trefflichkeit» unzu-
reichend umschrieben ist. Schließlich ließ sich Tugend mit jedem
vernünftigen und erfolgreichen Tun erringen. Etymologisch parallel zur lateinischen *virtus (vir)* steckt das Wort «männlich» (*árrehn*)
im Wortstamm. Im ritterlichen Sinne meint *areté* Tapferkeit in kriegerischen Auseinandersetzungen, das umfassende Ringen um Ehre
und Anerkennung als Triebfeder ritterlicher Sittlichkeit, den Kampf
um den Nachruhm in der Adelsgesellschaft, aber auch die Eleganz
adliger Lebenskultur. Kulturtechniken wie Schreiben und Lesen
spielten keine Rolle, denn Erziehung und Bildung vollzogen sich

durch mündliche Überlieferung, Mythos und Sage waren die Erziehungsmittel. «Der Beste sein und die anderen übertreffen» war das Motto. Homer legt diesen Ausspruch in der im achten Jahrhundert abgefaßten *Ilias* dem Vater eines trojanischen Kämpfers in den Mund, denn die *areté* hatte sich im Kampf, aber auch bei der Jagd und beim Sport zu bewähren. «Blenden, der Erste sein, der Sieger, den Sieg davontragen, sich im Wettstreit bestätigen, einen Rivalen … ausstechen, die Heldentat vollbringen, die *aristeía*, die ihn vor den Männern in die erste Reihe stellt, vor den Lebenden und vielleicht vor der Nachwelt: dafür lebt er und dafür stirbt er», beschreibt Marrou im Anschluß an Jacob Burckhardt, der vom Agon als allgemeinen Gärungselement spricht, das agonistische Lebensideal.[14] Es war das heroische Ideal, das Homers Pädagogik leitete und das sich über Jahrhunderte bis in die hellenistische Zeit hielt. Wer diese Heldenethik in Frage stellte, mußte scheitern (Achill in der *Ilias* IX, 318). Homer war nicht nur in Platons Würdigung in der *Politeia* in vollem Sinne der Erzieher Griechenlands, der mit seinen Epen gewissermaßen für die Handbücher im mythologischen Stil gesorgt hatte. Der Trieb, immer der erste zu sein und vorzuleuchten den andern, der in der Ilias formuliert wird, muß sich zunächst im kriegerischen Kampf bewähren und wird im Laufe der Individualisierung auf sportliche Erfolge übertragen. Denn bei der gymnastischen Erziehung ging es nicht nur um Techniken, um Übung und Drill, sondern auch um einen durchtrainierten Körper und Schönheit. Jacob Burckhardt hat in seiner *Griechischen Kulturgeschichte* darauf hingewiesen, daß das Prinzip des Wetteifers (*philothimía*) das geistige wie das äußere Leben der Griechen auf allen Gebieten beherrscht: Es zeigt sich bei Gesprächen, in der Philosophie und reicht bis in den Hades, wo Aischylos und Euripides in Aristophanes' Komödie *Die Frösche* einen absurden Kampf ausfechten. Die Sehnsucht nach Ruhm reicht dort über das irdische Leben hinaus bis ins Totenreich. Das gesamte Leben war vom Ideal des Wettkampfs beherrscht und von der Überzeugung durchdrungen, daß durch Erziehung (*paideía*) alles zu erreichen sei.

In seinem Fragment *Homers Wettkampf* bezieht sich Nietzsche

auf das agonistische Prinzip der griechischen Erziehung und blickt
auf den Umgang mit der Konkurrenz unter den Auserwählten
beim Scherbengericht (Ostrakismos), deutet sie aber im Sinne seines Geniekults und nicht im homerischen Sinne: «Will man recht
unverhüllt jenes Gefühl… sehen, das Gefühl von der Notwendigkeit des Wettkampfes, wenn anders das Heil des Staates bestehen
soll, so denke man an den ursprünglichen Sinn des Ostrakismos:
wie ihn zum Beispiel die Ephesier bei der Verbannung des Hermo-
dor aussprechen: ‹Unter uns soll niemand der Beste sein; ist jemand
es aber, so sei er anderswo und bei anderen›. … Das ist der Kern der
hellenistischen Wettkampf-Vorstellung: sie verabscheut die Allein-
herrschaft und fürchtet ihre Gefahren, sie begehrt als Schutzmittel
gegen das Genie – ein zweites Genie», was Nietzsche zu der Feststellung bringt, es sei kein Ehrgeiz «ins Ungemessene und Unzu-
messende wie meistens der moderne Ehrgeiz» gewesen.[15]

Das Scherbengericht diente in seiner Wahrnehmung also zur
Abwehr diktatorischer Systeme, doch es war nicht dazu bestimmt,
oligarchisch-elitokratische Herrschaft zu verhindern. Der Ostra-
kismus sollte die Stelle des Besten frei lassen, damit der Konkurrenzkampf aufrechterhalten werden konnte. Begabung mußte sich
in der hellenischen Volkspädagogik immerwährend kämpfend entfalten, den Ehrgeiz entfesseln, weil Begabung ohne die dazugehö-
rige Energie und ein enormes Durchhaltevermögen brachliegen
mußte. Selbstverständlich war der Kampf der Durchsetzung innerhalb der Besten in der griechischen Antike immer rückgebunden
an einen höheren Zweck und erschöpfte sich weder im Selbstzweck
noch in der Selbstbestätigung. Jeder Athener dachte zunächst an
das Wohl seiner Stadt und nicht an sich, wenn er um die Wette lief
oder sang. Ihren Ruf, nicht seinen eigenen, wollte er mehren. Das
läßt sich etwa in den Epinikien des Pindar (522 bis 442 vor Christus)
nachlesen: Die achte Pythie der Siegeslieder verknüpft den Gedanken von Gerechtigkeit und innerem Frieden mit der Leistung
des Siegers, der für seine Heimatstadt bestätigt, was der Seher Am-
phiaraos im Mythos verkündete: die sichtbare Konstanz adligen
Wesens, die in einer Zeit absterbender Adelskultur eigens hervor-

gehoben werden mußte.[16] Viele griechische Adelsfamilien in Rhodos oder Aigina, die Königsgeschlechter in Kyrene, Syrakus oder Akragas leiteten oft nachträglich und fiktional ihren Stammbaum aus den Heroensagen ab, als sich Götter sterbliche Geliebte nahmen und Heldengeschlechter zeugten. Sie rechtfertigten ihre sozialen Privilegien über Jahrhunderte durch diese Anknüpfung an die mythisch-heroische Tradition. Jeder Nachkömmling konnte sich seines Potentials der ererbten Tüchtigkeit sicher sein, die er allerdings durch Leistung unter Beweis zu stellen hatte. Damit konnte er seine Vorrangstellung bewahren, ordnete sich aber gleichzeitig in die Reihe der Väter ein, deren Taten seinen Erfolgen Maßstab und Sinn gaben. Die auf Leistung beruhenden Privilegien sind freilich an die Anerkennung durch die Umgebung und an den Ruhm bei der Nachwelt gebunden. Schon zu Pindars Zeit begannen die Elemente der Adelskultur (mythische Tradition, Sport, Musik und Dichtung) zum Gemeingut jedes Bürgers in der Polis zu werden und verloren dadurch ihren hohen sozialen Anspruch.[17]

Noch im archaischen Sparta (achtes bis sechstes Jahrhundert vor Christus) gab es musische und sportliche Erziehung. Um 550 vor Christus radikalisierte sich die spartanische Erziehung in der Weise, daß alle musischen Elemente verbannt und die sportliche Übung ausschließlich unter militärischen Aspekten aufrechterhalten wurde. Beim Lesen und Schreiben hätten die Spartiaten nur das Notwendigste gelernt, die ganze übrige Erziehung habe sich darauf gerichtet, pünktlich zu gehorchen, Strapazen zu ertragen und im Streit zu siegen, wie Plutarch in seiner Biographie des *Lykurg* berichtet. Der Spartiate wurde nicht mehr zum Ritter, sondern zum Soldaten erzogen. Sparta verschärfte die Unterordnung unter den Staat bis zur vollkommenen Selbstaufgabe. Tyrtaios, ein griechischer Elegiendichter, der in der Mitte des siebten Jahrhunderts in Sparta lebte und die spartanischen Soldaten zum Durchhalten und zur Unterordnung unter die neue Hoplitenphalanx aufforderte, schreckte nicht davor zurück, Homers *areté*-Gedanken entsprechend umzudeuten und gab sich überzeugt, daß sich die wahre Leistung nicht im Wettlauf, Ringkampf, in Herkunft, Beredsamkeit, Schön-

heit oder Reichtum zeige, sondern im kriegerischen Einsatz für
Stadt und Volk. Spartanische Ethik, die von Aufopferung für das
Vaterland und dem Gehorsam gegen das Gesetz geprägt war, forderte strengste Askese. Selbstdisziplin, Ausdauer, absoluter Gehorsam und ein dem eigenen Willen in jedem Fall übergeordneter
Gemeinschaftssinn waren die Erziehungsziele. Es ist kein Zufall,
daß Mussolini im spartanischen Ideal sein Vorbild für seinen faschistischen Staat sah und unnachgiebige Härte gegenüber sich selbst
und anderen jenseits zivilisatorischer Errungenschaften propa-
gierte.

Da es nicht mehr zu den Vorrechten des Adels zählte, Homer
zu lesen und Sport zu treiben, wurden die Bürger der griechischen
Polis in ihrer orientalischen Umgebung bis in die hellenistische Zeit
«die vom Gymnasium» genannt. An die Stelle des Ideals des homerischen Ritters war im siebten Jahrhundert auch in Athen das kollektive Ideal der Polis getreten, die Hingabe an den Staat, der im
Gegensatz zur vorhergehenden Epoche der bestimmende Rahmen
menschlichen Lebens wurde.

Die wahre Tüchtigkeit zeigte sich im Erfolg für Stadt und Land.
Die *áristoi*, die Besten, waren in der Hochblüte der griechischen
Polis die freien Bürger, die in ihrem Verhalten und Denken dem
Wohlergehen des Gemeinwesens am nächsten standen. Diese Erziehung war im Unterschied zur römischen keineswegs praktisch-
utilitaristisch, sondern blieb am adeligen Leben und seiner Muße
orientiert. Ihr Ideal war der *kalós k'agathós*, der ansehnliche und
tüchtige, zugleich ethisch gute Mensch, der sich sportlich und mu-
sisch betätigte. In der Verschmelzung einer moralischen, ästhetischen und materiellen Vorstellung, in der Einheit von Adel, Reichtum und Trefflichkeit, hat Jacob Burckhardt das große Vermächtnis
der aristokratischen Periode an die Nation gesehen. Das ethische
Grundgerüst bildeten deshalb staatserhaltende Tugenden wie
Besonnenheit, Gerechtigkeit, Tüchtigkeit und Frömmigkeit. Viel
wichtiger als Herkunft und gesellschaftliche Zugehörigkeit waren
Gesinnung und Tugend. Im Unterschied zur römischen Unterordnung unter die *res publica* nahm die Bildung in der Polis, die längst

nicht mehr die höchste Norm des Denkens, sondern nur noch den
Rahmen bildete, viel individuellere Züge an, denn das «menschliche
Dasein hatte kein anderes Ziel, als zu der reichsten und vollkom-
mensten Form der Persönlichkeit zu gelangen.»[18] Als sich die
Demokratie im Laufe des fünften Jahrhunderts weiterentwickelte
und den Nutzen der Bildung für politische Betätigung offenbarte,
betraten die ersten professionellen Bildungsvermittler die Bühne:
Es waren die Sophisten, die von Stadt zu Stadt zogen. Sie fühlten
sich ihrer eigenen Polis nicht mehr verbunden und boten ihr
Wissen gegen Honorar an. Anders als beim Ideal der *kalok'agathía*
waren sie der Überzeugung, daß prinzipiell jeder über ein gewisses
Maß an Begabung und Intellekt verfüge, das möglichst breit ent-
faltet werden müsse. Die sophistische Bildungsvorstellung war
deshalb leistungsorientiert, sie setzte auf *areté* und Individualität.
Die Sophisten wollten starke, lebenstüchtige Persönlichkeiten für
den siegreichen politischen Kampf vorbereiten, der bei ihnen aber
nicht mehr im Dienste der Polis stand. Platon ironisiert sie in seinem Dialog *Prothagoras*, indem er einem Sophisten in den Mund
legt, er wolle das schwächere Argument zum stärkeren machen.

Hellenische Identität

Im Vergleich zu Platon und Isokrates war den Sophisten bemerkenswert wenig Erfolg beschieden. Isokrates' Bemühen um kultivierte Sprache, um den treffenden sprachlichen Ausdruck und die
geschlossene Form der Rede, die ihre Hörer bezwingen und restlos
überzeugen sollte, ließ ihn zum Ahnherrn eines abendländischen
Bildungsideals werden, das im Humanismus des fünfzehnten und
sechzehnten Jahrhunderts eine neue Blüte erlebte. Zum Leitbild
hellenischer Erziehung wurde im vierten Jahrhundert die *enkýklios
paideía* (ein universales Bildungs- und Erziehungsideal). Dazu mußten Lesen und Schreiben vermittelt werden, wofür der *grammatikós*
zuständig war, der seine literarische Textauswahl so traf, daß die
ethische Erziehung nicht zu kurz kam. Der *sophistés* oder *rhétor*
übernahm die rhetorische Bildung, die durch philosophische und

mathematische Bildung ergänzt werden konnte. Staatliche und kommunale Erziehungseinrichtungen gab es nur bei Kretern und Spartanern, in den übrigen Gebieten Griechenlands blieb Bildung eine Privatangelegenheit und deshalb ein Vorrecht der Aristokratie und des Besitzbürgertums, also ein Privileg der Elite. Daran erinnert Isokrates noch mitten in der späteren demokratischen Epoche 354: Erziehung war das Privileg der wohlhabenden Adligen, denen ihr Reichtum die nötige Muße (*scholé*) gewährte. In dem Maße, wie die Bindungskräfte der Polis schwanden und sie im Laufe des vierten Jahrhunderts ihrem Ende entgegenging, wurde die freie personale Entfaltung trotz aller ständischen Gebundenheit im Bildungsprozeß wichtiger. Die *paideía*, die Formung des unfertigen Kindes zu einer gesellschaftsfähigen Person mit der vollen Entfaltung ihrer Anlagen und Persönlichkeitsmerkmale, die bis auf wenige Frauen etwa im aristokratischen Mädchenpensionat der Sappho der männlichen Oberschicht vorbehalten blieb, vollzog sich als lebenslanger Prozeß. Vor allem aber wurde das *paideía*-Ideal zum identitätsstiftenden Bindeglied der in den Provinzen weit verstreut siedelnden Griechen. Denn die Überlieferung und Nachahmung der *paideía* diente der Selbstvergewisserung im Zeichen des hellenischen Ideals.

Die klassische Erziehung war ihrem Wesen nach eine Einführung in das griechische Leben, die das Kind im Sinne der nationalen Gewohnheiten bildete und es jenen Lebensstil annehmen ließ, der den Hellenen vom Barbaren unterschied. *Paideía* umfaßt weit mehr als Erziehung im engen Sinne, nämlich die gesamte hellenische Zivilisierung. Varro und Cicero übersetzen *paideía* deshalb mit dem lateinischen Begriff der *humanitas*.

Wie stark sich die hellenistischen Bildungsvorstellungen individualisiert hatten, belegt ein geradezu revolutionärer Text des letzten der großen griechischen Tragödiendichter Euripides (480 bis 406 vor Christus), der die alten Mythen konsequent säkularisiert hatte, was ihm den Ruf des Atheisten einbrachte, und der als einziger Dichter den gesellschaftlichen Randgruppen zu einer Sprache verhalf. In seiner 412 verfaßten Tragödie *Helena* bezeichnet er

ausgerechnet einen Unfreien, einen Boten (*ángelos*) des Menelaos,
als hochwohlgeborenen, als freien Menschen.[19] Euripides versucht
mit allen Mitteln, den gesellschaftlich unten angesiedelten Boten
moralisch aufzuwerten. Entscheidend war für ihn die freiheitliche
Gesinnung (*noûs eleútheros*). Eine gesellschaftskritische Haltung
brachte Euripides damit nicht zum Ausdruck, wohl aber in einem
Chorlied die Einsicht, daß alle Menschen gleich sind.[20] Am sozialen
Gefüge rüttelte der antike Autor also nicht, doch er versuchte, die
enorme gesellschaftliche Distanz zwischen dem Freien und dem
Unfreien dadurch zu überbrücken, daß er das moralische Selbstbewußtsein des Boten darstellte und den Freiheitsbegriff (*eleuthería*)
aus dem gesellschaftlichen Denken ins moralische überführte.
Auch wenn der Unfreie keine äußere Freiheit erlangte, konnte er in
seiner Gesinnung und Moral so frei sein wie die freien Bürger. Er
war damit eines Freien würdig geworden, sofern er diese Gesinnung nicht aus bloßem Gewinnstreben verfolgte. Obwohl er Bote
war, hatte er die Gesinnung eines Herrn, wurde aber durch sein
schlechtes Ansehen am gesellschaftlichen Aufstieg gehindert.

Die Forderung, Weisheit und Erkenntnis und nicht den gesellschaftlichen Status zum entscheidenden Kriterium zu erheben,
findet sich in radikalisierter Form bei Platon, der Bildung und Erziehung zu einer öffentlichen Aufgabe zu erheben versuchte.

Die Herrschaft der Philosophen

Nach seiner Rückkehr aus Sizilien, wo er vergeblich daran mit-
zuwirken versucht hatte, ein an sittlichen Grundsätzen orientiertes
Staatswesen aufzubauen, in seine Heimatstadt Athen zog der aus
einer Aristokratenfamilie stammende Platon sich im Jahre 387 vor
Christus auf das Land zurück. Dort erwarb er aus eigenen Mitteln
Grundstück, Gebäude sowie eine Bibliothek beim Heiligtum des
Lokalhelden Akademos (daher Akademie) unweit von Athen. Im
Unterschied zu den Vertretern der späten hellenischen Bildung be-
lebte Platon die mündliche Erziehungstradition wieder und führte
das flexible Gespräch ein, das den Erkenntnisvorgang Schritt für

Schritt abbilden sollte. Gelehrt wurden keineswegs nur Rhetorik und Philosophie, sondern auch Ethik, Staats-, Natur- und Sprachphilosophie, Ontologie und Mathematik. Außer Platon unterwiesen Xenokrates und Aristoteles – durchaus in kritischer Abgrenzung vom Leiter der Akademie (Platon) – die Akademieschüler in Philosophie.[21] Im Unterschied zu den anderen Institutionen höherer Bildung in Athen erhob die platonische Akademie keine Gebühr für die philosophische Ausbildung, was ihr zunächst Platons Vermögen, später regelmäßige Schenkungen ermöglichten. Die Scholaren trugen wie Philosophen überhaupt einen rotgelben Asketenmantel (*tribon*), der in einem Ritual verliehen wurde. Platon machte die Akademie grundsätzlich auch Frauen zugänglich (unter den namentlich bekannten neunzig Akademiemitgliedern waren auch zwei Frauen).[22] Von einer besonderen Natur der Frau wollte er nichts wissen und forderte die völlige Gleichstellung in den oberen Schichten.

Während sich seine Staatskonzeption in den *Nomoi* eher an der griechischen Wirklichkeit orientiert, nimmt Platon in der *Politeia* keine Rücksicht auf die realen Gegebenheiten, entwickelt unter Eliminierung aller demokratischen Züge eine politische Utopie auf philosophischer Grundlage und beschreibt die nötigen Voraussetzungen zur Erziehung einer staatstragenden Bevölkerungsschicht nach der Platonischen Ideenlehre.

Nach seinen Enttäuschungen in Syrakus macht Platon auch in Athen die unzulänglichen Politiker dafür verantwortlich, daß sein Ideal des Philosophenstaates nicht als Grundlage einer neuen politischen Elite verwirklicht werden konnte. Die Gleichstellung der Frauen, die Auflösung der Familie und die Abschaffung privaten Eigentums sind geradezu kommunistische Ideale der Güterteilung, die allerdings immer nur der militärisch-philosophischen Elite vorbehalten sein sollten. Außer den Normalbürgern, die Platon nicht weiter interessierten, waren die Wächter zur Rekrutierung der führenden Elite, der Philosophen, entscheidend. Durch ein gestuftes Bildungsprogramm sollten aus den Wächtern die Befähigten ausgewählt werden, die den Staat lenken können. In Platons System

steigen ständig Befähigte auf, weniger Befähigte ab – möglicherweise fand Pareto hier das Urbild seines Kreislaufs der Eliten. Die
Wächter unterlagen besonders strengen Anforderungen und hatten weder Privatleben noch Eigentum, selbst Frauen und Kinder
gehörten allen. Die Kinder kannten ihre Eltern nicht und sollten
öffentlich erzogen werden. Die Mahlzeiten wurden gemeinsam
eingenommen – wie in einem sozialistischen Kollektiv oder im
späteren Kibbuz. Paradoxerweise habe man schon die christlichen
Klöster als Erfüllung des platonischen Staatsideals gesehen, stellt
Jacob Burckhardt in seinem ersten Band der *Griechischen Kulturgeschichte* lakonisch fest.

Die Zugehörigkeit zu den Ständen erklärte Platon mit einem
alten phönizischen Mythos, wonach dem Blut der Menschen Bronze,
Silber oder Gold beigemischt ist. Die Gliederung der menschlichen
Seele in Begehren, Mut und Intellekt spiegelt sich in der ständischen Ordnung der Gesellschaft in den Nähr-, Wehr- und Lehr-
stand. Jedem der drei Stände ordnet er eine der Kardinaltugenden
zu: den Philosophen Weisheit, den Wächtern Tapferkeit und dem
Nährstand Bescheidenheit und Gehorsam (*sôphrosyné*). Keine der
drei Tugenden kann ohne die anderen auskommen. Die Gerechtigkeit (*dikaiosyné*) ist Sache aller Stände. Unter Gerechtigkeit versteht
Platon die volle Entfaltung der Seele, unter gerechten Verhältnissen im Staat das vollendete Zusammenwirken der drei Stände.
Erreichen ließ sich der Zustand der Gerechtigkeit nur dadurch, daß
jeder das Seine und zwar nur das Seine tat, sich naturgemäß verhielt und in innerem Frieden lebte, weil er wahrhaft er selbst war
und seine Seele voll entfaltete. Der Weg dorthin führt über einen
extremen metaphysischen Perfektionismus, der schon von Platons
Zeitgenossen (Aristoteles) nicht mit den Anlagen des griechischen
Bürgers in Übereinstimmung gebracht werden konnte.

Um den Herrschaftsanspruch der Philosophen zu legitimieren,
muß Platon in der *Politeia* Grundzüge seiner Ideenlehre erläutern.
Er versucht zu zeigen, daß es eine unveränderliche geistige Wirklichkeit gibt, die dem durchschnittlichen, auf Sinneserscheinungen
gerichteten Bewußtsein nicht zugänglich ist und dem Philosophen

vorbehalten bleibt, der den Unterschied zwischen der nur dem denkenden Subjekt zugänglichen Idee und der vergänglichen Sinneserscheinung zu erfassen vermag.[23] Deshalb sollte auch dem Philosophen, der als einziger die wahre Wirklichkeit erkennt und nicht zwischen wechselnden Wahrnehmungen derselben und Meinungen darüber schwankt, die Führung im Staat obliegen. Die völlige «Umwendung der gesamten Seele» wirkt erkenntnistheoretisch geradezu radikal: «Das wäre nun freilich nicht bloß ein Umwenden wie das einer Scheibe beim Spiel, wie es scheint, sondern das Umwenden einer Seele aus einem gleichsam nächtlichen Tage zum wirklichen Tage, der Aufstieg zum wirklichen Sein, den wir eben als die wahre Philosophie bezeichnen wollen.»[24] Die Ausbildung der philosophischen Herrscherelite setzte voraus, daß die Bildungsinhalte nicht frei verfügbar waren, sondern wenigen Auserwählten vorbehalten blieben. Die Grundzüge des platonischen Bildungsprogramms entsprechen der griechischen *paideía* als Ausbildung der Anlagen. Weil Dichtung nur Abbilder von Abbildern schaffe, die die Seele von der Erkenntnis höherer Seinsstufen ablenkten, lehnt Platon die Poesie als Medium der Erziehung ausdrücklich ab und entfernt sich daher am weitesten vom frühen homerischen Bildungsideal durch Mythen.

Entsprechend umfassend deutet Platon die *areté* neu: Es geht jetzt um ein seelisches Vermögen, um jede Form der menschlichen Wahrnehmung, um Hören, Schmecken, Sehen, Riechen, aber auch um das Erfassen möglichst vieler für eine bestimmte Handlungssituation wichtiger Aspekte, um die unterscheidende Erkenntnis bis hin zum begrifflichen Denken. Den am besten geschulten Zustand des Wahrnehmungsvermögens bezeichnet Platon und nach ihm die Platoniker in der Spätantike als *areté*. Platon war der Überzeugung, Eigennutz und Übel dieser Welt könnten nur dann beseitigt werden, wenn die wahren Philosophen, also umfassend gebildete und allein der Mehrung des Gemeinwohls verpflichtete Führer, an die Macht gelangten oder aber die politisch Mächtigen zu Philosophen würden. Denn die Philosophen waren in seinen Augen die einzigen, die Zugang zur Welt der Ideen, zur Erkenntnis des Wahren hatten:[25] «Wenn nicht entweder die Philosophen Könige werden in den Städten, … oder die, die man heute Könige und Machthaber nennt, echte und gründliche Philosophen werden, und wenn dies nicht in eines zusammenfällt: die Macht in der Stadt und die Philosophie, und all die vielen Naturen, die heute ausschließlich nach dem einen oder dem anderen streben, gewaltsam davon ausgeschlossen werden, so wird es … mit dem Elend kein Ende haben, nicht für die Städte und auch nicht … für das menschliche Geschlecht.»[26]

Platon war Elitokrat. In der *Politeia* legte er die verhängnisvolle Vorstellung von der politischen Herrschaft einer nach strengen Kriterien ausgewählten Elite dar, zu der die am besten erzogenen und am höchsten gebildeten, das heißt zu dialektischem, also philosophischem Denken wirklich befähigten Mitglieder einer Gesellschaft zählen. Die Anfeindungen und Gefahren, die den Philosophen allenthalben drohen und ihre Herrschaft scheitern lassen könnten, verschweigt er nicht. Trotzdem war die Aristokratie für ihn die gelungenste Staatsform, während er die Timokratie (Rom), die Oligarchie, die Demokratie sowie die Tyrannis für Verfallsformen hielt (*Politeia* Buch VII–IX).[27]

In der Demokratie sah er die Gleichmacherei der Gleichen und Ungleichen und eine Nivellierung der sinnlichen Wahrnehmungen, also der Erkenntnisfähigkeit. Seine Enttäuschung über die niedergehende Demokratie Athens, die viele Zeitgenossen teilten, brachte ihn zu der Erkenntnis, in einer Demokratie sei gleichgültig, ob etwas notwendig sei oder nicht, nützlich oder schädlich, bedeutend oder unbedeutend, alles habe das gleiche Recht.[28] Trotz ihrer erschreckend elitokratischen Ausrichtung gibt es einzelne Züge in Platons *Politeia,* die auch für einen modernen Elitebegriff unaufgebbar bleiben. Dazu gehört die Überwindung des primitiven Ehrbegriffs der *tôn pollôn dóxa*, also der Meinung des Kollektivs, die allerdings mit einer Schärfung des Freiheits- und Verantwortungsbewußtseins des einzelnen einher gehen müßte. Doch Ansprüche auf Selbstverwirklichung wehrte Platon mit der lakonischen Feststellung ab, wenn es dem Staat gut gehe, gehe es auch dem einzelnen gut. Wer Platons politisches Modell zu Ende denkt, wird zwangsläufig faschistoide Perversionen befürchten müssen.

Platons *Politeia* in der Kritik

Während Rousseau in der *Politeia* die schönste Abhandlung von der Erziehung sah, die jemals geschrieben wurde, hat Platons Utopie des Idealstaats schon die Kritik des Aristoteles auf sich gezogen, der in Platons Staat geradezu einen gewalttätigen Zug zu erkennen meinte und das völlige Ende der griechischen Kultur befürchtete, die allerdings in der Endzeit der Polis ohnehin schon geschwunden war (*Politiká* II, 1–3). Später betrachtete Karl Popper, der ein ausgesprochenes Zerrbild von Platons Utopie zeichnet, Platon wegen seines Staatstotalitarismus (Verwirklichung der Gerechtigkeit als oberstes Prinzip) als Archegeten der Feinde der offenen Gesellschaft. Doch Popper hält die *Politeia* für eine politische Programmschrift, während es Platon um eine auf den äußeren Staat bezogene philosophische Auseinandersetzung mit dem inneren Staat, also der Seelenordnung des Menschen geht. Darin liegt ein grundlegendes Mißverständnis.[29] Darüber hinaus gehört Popper zu denjenigen, die beim Problem der Eliten in eine Sackgasse führen, denn er setzt Eliten mit Seilschaften gleich, wenn er die Frage nach den Eliten als politisch hoffnungslos bezeichnet und dann beteuert, die «Elite kann praktisch von der Clique nie unterschieden werden.»[30] Auch wenn die *Politeia* nicht ausdrücklich genannt wird, taucht ihre Staatsutopie in der Geschichte der Elitetheorien an unerwarteter Stelle etwa bei dem deutsch-italienischen Soziologen Robert Michels (1876 bis 1936) wieder auf, der durch das eherne Gesetz der Oligarchie bekannt wurde. Michels schreibt über die notwendigerweise oligarchischen Tendenzen der Demokratie: «Die inneren Nachteile der Demokratie sind nicht zu verkennen. Trotzdem ist als Form die Demokratie das geringere Übel. Das Ideal wäre eine Aristokratie sittlich guter und technisch brauchbarer Menschen. Aber wo ist sie zu finden? Manchmal – selten – durch Auslese», also durch Eliten.[31]

Zu den härtesten Kritikern des in der *Politeia* entwickelten platonischen Staatsmodells (von der Erziehungsvorstellung ganz zu schweigen) gehört Jacob Taubes, der in einem Gespräch entgegnete: «Die Republik Platons ist, wenn sie nicht post Christum durch das christliche Zeitalter hindurchgeht, der Horror selbst. Man muß sich Platons Gesellschaftsprogramm konkret vorstellen, wie das gelebt ist ...»[32] Heftig gestoßen hat sich Taubes am elitären Nadelöhr zur Wahrheit, das nur wenigen die Möglichkeit der Wahrheitsfindung zugestand: «Der Weg von der Höhle, von der Platon spricht, zum Licht der Wahrheit – die Befreiung von den Fesseln – ist ein äußerst schwieriger und nur einigen zugänglich. ... wie kann man Philosophie überhaupt tradieren, wie läßt sich in der Höhle, in der wir leben – in der Höhle des Scheins – überhaupt ein Sinn für das Licht der Wahrheit tradieren?»[33]

In der Tat beschrieb Platon in seiner Staatsutopie die Konstitution einer Gesellschaft, die Philosophie nur für wenige von Generation zu Generation tradierbar machte. Von der Offenheit der Eliten und ihrer Konkurrenz untereinander im Sinne eines Wettbewerbs aller als wirksamstes Mittel gegen oligarchische Tendenzen wollen weder Nietzsche noch Platon etwas wissen. Bei Nietzsche beginnt Bildung im Sinne höherer Erkenntnis erst dort, wo Menschen sich übermenschlich von ihren Bedürfnissen und Begierden befreien, sich in eine Sphäre erheben, in der sie ihre Befangenheit im Ich vergessen und abschütteln können. Um den Kampf ums Dasein zu bestehen, brauchte man keine Bildung, war Nietzsche überzeugt. Kenntnisse zur bloßen Behauptung im Leben haben mit Bildung nichts zu tun, sondern allenfalls mit purer Lebensnot. Hier nimmt die Kritik an den Bildungsanstalten ihren Ausgang, denn in Nietzsches Augen sind sie nur «Anstalten der Lebensnot», weil sie «entartete Bildungsmenschen» hervorbringen, hilflose Barbaren, Sklaven des Tages, an die Kette des Augenblicks gelegt und ewig hungernd. Für den Geistesaristokraten war «Erziehung: wesentlich das Mittel, die Ausnahme zu *ruinieren* zugunsten der Regel. Bildung: wesentlich das Mittel, den Geschmack *gegen* die Ausnahme zu richten zugunsten des Mittleren. Erst wenn eine Kul-

tur über einen Überschuß von Kräften zu gebieten hat, kann sie
auch ein Treibhaus für den Luxus-Kultus der Ausnahme, des Ver-
suchs, der Gefahr, der Nuance sein – *jede* aristokratische Kultur
tendiert *dahin*.»[34]

Dem Griechen unter den neuzeitlichen Philosophen, Nietzsche,
hält der jüdische Religionsphilosoph Jacob Taubes (1923 bis 1987)
entgegen, daß er das Humanum, diese «höchste Frucht menschlichen Geistes und Lebens» durch Sklaverei erkaufe, um Wenigen für
die Bildung Ausersehenen die dafür nötige Muße zu gewährleisten.
Nietzsche, so Taubes weiter, habe daraufhin die typische (utilitari-
stische) Frage des neunzehnten Jahrhunderts gestellt, ob die Bildung der Wenigen die Sklavenarbeit vieler rechtfertige, und sei
dabei sogar zu einer Apologie der Sklaverei gelangt: «Das ist sein
Paradox: die Apologie der Sklaverei aus der Rettung des Humanen.»[35] Nur darum sei Nietzsche bereit gewesen, den Weg von der
Gegenwart «der Philister der letzten Phase des Christentums zum
Urchristentum zurückzugehen, zur Negation der 2000 Jahre, die
ihm eine Verblendung sind, weil sie die Norm menschlichen Lebens und Geistes verdunkle und verunmögliche.»[36] Taubes hält es
für ausgemacht, daß der Rekurs auf die Antike unter Auslassung
des Urchristentums direkt in die Barbarei führt, während Nietzsche
das Urchristentum als Perversion antiker Ideale und deshalb als
Inbegriff der Dekadenz sieht.

Friedrich Nietzsche auf Platons Spuren

Nietzsches Vorstellung von Elite zeigt große Ähnlichkeiten mit
Platons Ideen, wie sie in der *Politeia* entwickelt werden. Gemeinsam ist beiden die Trennung zwischen sinnlich wahrnehmbarem
und intelligiblem Sein. Bei Nietzsche ist es einerseits die Welt der
Lebensnot, die sich in der institutionellen Bildung spiegelte, und
andererseits die wahre Bildung, die nur von den wenigen erreicht
werden kann, die überhaupt Zugang zur Welt der Theorien finden
können. Beide Welten bleiben streng voneinander getrennt. Was
Platon als völlige Umwendung der Seele, also als Voraussetzung

für dialektisches Denken und damit als den Zugang zur Philosophie beschreibt, entspricht bei Nietzsche der Befreiung aus der Subjektverhaftetheit des Individuums. Was sich bei Platon gemäß dem Höhlengleichnis in drei Erkenntnisstufen vollzieht, leisten bei Nietzsche asketische Selbstbeschränkung und Triebbeherrschung: «Die Mittel, vermöge deren eine stärkere Art sich erhält: Sich durch jede Art von Askese eine Übermacht und Gewißheit in Hinsicht auf seine Willensstärke verschaffen.»[37] Die degenerierende Wirkung des Luxus im Sinne eines asketischen Ideals hatte Platon geradezu als Gesetz aufgestellt. Die ausführlichste Beschreibung des Dekadenzmodells findet sich bei Isokrates, der den Niedergang Athens erlebte. Während des Krieges zwischen Athen und seinen abtrünnigen Bündnisgenossen 357 bis 355 vor Christus entstanden zwei Reden, in denen Isokrates mahnt, Reichtum und Herrschaft erzeugten Unbesonnenheit und Zuchtlosigkeit, Armut und Einfachheit hingegen Besonnenheit und Maß. Wohlergehen schlage in Unglück um und umgekehrt.[38] Bei Nietzsche meint *décadence* Verdorbenheit – Kant, Humboldt und Hegel, das sind für ihn die geistesgeschichtlichen Stationen der kulturellen Selbstvernichtung, der Selbstvernichtung von Bildung und von Philosophie, deren Gipfel er bei Kant erreicht sieht: die deutsche *décadence* als Philosophie – das sei Kant.

Sowohl bei Platon als auch bei Nietzsche bleibt die Sphäre der Theorie oder Idee der großen Mehrheit verschlossen und wird nur von wenigen Auserlesenen erschlossen, die den Aufstieg in der bei beiden Denkern als hierarchische Pyramide gedachten Bildung schaffen. Allerdings wird der Gipfel bei Nietzsche nie vollständig erreicht, sondern der Mensch wird mit allen Mitteln am Aufstieg gehindert, erschöpft und zum Sturz gebracht.[39] Breitenbildung war für Nietzsche ein aussichtsloses Unterfangen, weil sie ohnehin nur die vielgescholtenen Bildungsphilister hervorbringen konnte. Dementsprechend sieht er in den Universitäten nicht mehr als Treibhäuser für die Instinkt-Verkümmerung des Geistes. Denn der Staat fürchte die «aristokratische Natur der wahren Bildung» und wolle nur die großen Einzelnen in die Selbstverbannung treiben und der Masse einreden, daß sie ihren Weg unter dem Leitstern des Staates schon finden werde. Vollkommene Bildung soll wenigen, für große und bleibende Werke begabten Menschen vorbehalten bleiben. Ihr Genius soll sich dann die Masse dienstbar machen und ihren unterwürfigen Gehorsam einfordern können. In der Aristokratie sieht Nietzsche deshalb den Glauben an eine Elite-Menschheit und höhere Kaste verwirklicht, in der Demokratie den Unglauben an große Menschen und an Elite-Gesellschaft. Voller Abscheu spricht er von Gleichheitsvorstellungen, die nur dafür sorgten, daß alle zu eigennützigem Vieh und Pöbel, zu nichts anderem als zu Herdentieren würden. Die kleine Gruppe der Elite zeichnet sich in seinem Denken durch Härte gegen sich selbst, durch Askese und Standhalten gegen Leiden, Krankheit, Entwürdigung und Verlassenheit aus. Damit steigert Nietzsche Platons Utopie von der Philosophenherrschaft ins Absolute. Daß er das Scheitern seiner nihilistischen Utopie ahnte, ist wahrscheinlich, denn seine Vorträge «Über die Zukunft unserer Bildungsanstalten» blieben fragmentarisch.

Da das Christentum für Nietzsche nichts anderes als Falschmünzerei war, weil es Menschen auf Wahrhaftigkeit und Moral im Diesseits für das Jenseits verpflichtete, sah Nietzsche die Rettung aus der *décadence* einzig und allein im Genius und versuchte deshalb, den antiken Elitebegriff durch eine geniale Übersteigerung wiederzugewinnen. Im fehlenden Willen zur Macht vermochte er nichts als den Niedergang zu erkennen. Der «Wille zur Macht» fehle den Schwachen, den Intellektuellen und vor allem den Theologen und werde in diesem Zusammenhang zu einem Kampfbegriff in der Umwertung der jüdisch-christlichen Moral, die es im Zeichen der dionysischen Ethik zu bekämpfen gelte.

Während Nietzsche die radikale Heilsdemokratisierung des paulinischen Christentums als dekadente Elite-Nivellierung aus dem Geist des Christentums verabscheute und ihr ein entschiedenes Plädoyer für neue Eliten entgegensetzte, stimmte Taubes Nietzsches These von der radikalen Heilsdemokratisierung zwar zu, zog daraus aber die entgegengesetzten Konsequenzen.[40] Während sich in Nietzsches Augen der Inbegriff der Dekadenz darin zeigt, daß Paulus mit seiner Botschaft der «Erwählung» alle meint, liegt für Taubes darin die Pointe das Evangeliums: «das Versprechen Christi ... ist, daß es ‹an alle› geht.»[41]

Im Unterschied zu der klassisch philosophischen Auffassung, daß nur wenige den Weg zur Wahrheit gehen können und für immer gehen können, sieht Taubes ein neues Denkmodell bei Hegel: Der Weg zur Wahrheit sei schwierig zu begehen, weil er immer mit «Arbeit des Begriffs» verbunden sei, aber bei entsprechender Anstrengung könnten ihn am Ende alle gehen. Wahrheit, so Taubes, werde durch die Praxis der Geschichte eine Möglichkeit für alle, das lasse das Systemfragment (1802/03), in dem von der allgemeinen Freiheit und Gleichheit der Geister die Rede ist, deutlich erkennen. Vermutlich haben Hegel, Schelling und Hölderlin den Text gemeinsam geschrieben, der den höchsten Akt der Vernunft als ästhetischen verstand und eine «Mythologie der Vernunft» empfahl, also eine Vernunft, die in die sinnliche Wahrnehmung hinabreichte und auf diese Weise alle Stände und nicht nur die gebildete Oberschicht erreichen sollte. «Das ist kein Elitepapier, sondern da ist der Begriff der Wissenschaft, der an *alle* geht ...», stellt Taubes deshalb fest.[42]

In seiner späteren Rechtsphilosophie aus dem Jahre 1821 läßt Hegel allerdings keinen Zweifel daran, daß ein Individuum noch längst nicht das ist, was es sein könnte, wenn es einfach nur so ist, wie es sich eben vorfindet, sondern die Arbeit der Bildung auf sich nehmen muß. Durch diese Arbeit gewinne der subjektive Wille in sich die Objektivität, in der er seinerseits allein würdig und fähig sei, die Wirklichkeit der Idee zu sein.

Trotz dieser Forderung nach Selbstüberwindung steht dieser Weg prinzipiell all denjenigen offen, die ihn sich zumuten wollen. Es gibt also weder ein Bildungs- noch ein Wahrheitsprivileg.

Das Christentum verbannte die Vorstellung vollkommen, daß Wahrheit nur einigen wenigen Auserwählten zugänglich sein sollte, zumal sie mit dem Charakter des Heilsversprechens nicht in Einklang zu bringen war. Darin liegt im Vergleich zu antiken Elitevorstellungen die entscheidende Wende. Wie die gestufte Erkenntnis des Platon im spätantiken Christentum weiterwirkt, zeigt Origenes' um 250 nach Christus erschienene Schrift *Contra Celsum*. Kelsos ist der Auffassung, daß Christen den Weg zur Wahrheit und Gotteserkenntnis wegen ihrer intellektuellen Unzulänglichkeit und ihrer verfehlten und simplen Theologie nicht finden können. Die Gotteserkenntnis ist in seinen Augen nur ganz wenigen vorbehalten. «Den Bildner und Vater dieses Weltganzen zu finden, ist mühevoll, ihn aber allen mitzuteilen, wenn man ihn gefunden hat, ist unmöglich», denn die große Masse sei ohnehin nicht imstande ihn zu erkennen, meint Kelsos. Die Gotteserkenntnis bleibt also der Elite vorbehalten, die Masse bleibt blind. Er vertritt eine Zweiklassentheorie der Gotteserkenntnis, nach der ausgewählte Philosophen und Dichter mit Mühe zu Gott vordringen können, während alle übrigen nicht einmal in der Lage sind, an dieser Erkenntnis teilzuhaben. Die Position des Origenes dazu ist sehr differenziert: «Wir müssen dann freilich Moses, den Diener Gottes, und die Propheten des Weltschöpfers, die wahrhaft von Gott begeistert unzählige Aussprüche getan haben, und ihn selbst im Stich lassen, der dem Menschengeschlecht erschienen ist und den Weg der rechten Gottesverehrung gewiesen und niemand, soviel an ihm lag, ohne Genuß seiner eigenen Geheimnisse gelassen hat, der vielmehr in seiner übergroßen Liebe zu den Menschen den höher Gebildeten ein Wissen von Gott verleiht, das die Seele über die irdischen Dinge emporzuheben vermag, während er auf der anderen Seite sich ebenso auch zur schwächeren Fassungskraft ungebildeter Männer und einfacher Frauen und Sklaven und überhaupt aller derer herabläßt, die von niemand als nur von Jesus allein darin unterstützt werden, daß sie, soweit möglich, ein sittliches Leben nach Lehrsätzen über Gott, die sie zu begreifen fähig waren, führen können».[43] Im Unterschied zu Kelsos meint Origenes durchaus, daß alle Christen einen Zugang zu den christlichen Offenbarungen haben, aber auf unterschiedliche Weise, die Gebildeten anders als die Ungebildeten. Beides geschieht durch die gnädige Zuwendung Gottes, nicht in erster Linie durch eigene Bemühungen. Entsprechend unterscheidet er beim Schriftverständnis: Der Literalsinn ist von Gott für die Ungebildeten vorgesehen, weil er sich auf die Praxis richtet, der geistige Sinn der Schrift ist dagegen den Gebildeten vorbehalten, denn er zielt auf Erkenntnis. Auch Origenes vertritt im Unterschied zu den meisten anderen frühchristlichen Autoren ein Zweiklassensystem der Erkenntnis. Entscheidend ist aber, daß die Unterschiede nicht heilsrelevant sind. Auch die Ungebildeten sind also in der Lage, die wichtigsten geoffenbarten Glaubenswahrheiten nachzuvollziehen. Denn die Offenbarung göttlicher Wahrheit kennt keine Selektion, sie gilt allen.[44]

Indem Paulus es wagt, vom schwachen, leidenden Gott und von der erlösenden Kraft des Kreuzes zu sprechen, wagt er die vollkommene Umkehrung des antiken Elitebegriffs, die noch weit über die Zweiklassentheorie des Origenes hinausgeht. Ein Gott mit menschlichen Schwächen wäre in der Antike ebenso undenkbar gewesen wie eine prinzipiell für alle zugängliche Wahrheit. Umgekehrt sind der urchristlichen Gemeinde elitäre Vorstellungen fremd. Paulus sieht die urchristliche Gemeinde zwar durchaus als Avantgarde, nicht aber als Elite. Dieses Verständnis liegt dem reformatorischen Bildungsbegriff zugrunde, um den es im folgenden gehen soll. Denn hier vollzog sich zum ersten Mal in der Geschichte eine weitgehende Demokratisierung von Bildung und damit eine der wesentlichen Voraussetzungen für Elitebildung.

3. Protestantische Mündigkeit und Humanismus

«Wer waren nun diejenigen, welche das hochverehrte Altertum mit der Gegenwart vermittelten und das erstere zum Hauptinhalt der Bildung der letzteren erhoben?» So fragt Jacob Burckhardt zu Beginn des Kapitels «Der Humanismus im 14. Jahrhundert» in seiner Schrift *Die Kultur der Renaissance in Italien* (1860). Sie enthält eine präzise Beschreibung der humanistischen Absichten. Denn im Mittelpunkt ihrer Bildungsanstrengung stand das Studium antiker Texte, durch die sie an die überlegene antike Zivilisation anzuknüpfen suchten und dadurch den literarischen und künstlerischen Geschmack sowie die ethischen Maßstäbe des gebildeten Menschen ausbilden wollten. Humanistische Bildung war in erster Linie als Selbstbildung zu verstehen, als Formung und Entfaltung von Körper, Geist und Seele, die über Wissenserwerb und prägende Texte individuelle, wache und selbstbewußte Zeitgenossen entwickeln wollte. Damit war Bildung weit mehr als Ausweg aus Barbarei und Unmündigkeit. Christliche Denker knüpften an humanistische Bildungsideale an, deuteten sie aber vor dem Hintergrund christlicher Anthropologie neu. Sie griffen zwar die humanistischen Bildungswege auf, hatten aber ein anderes Ziel vor Augen: die Annäherung an die ursprünglich von allen empfangene, aber durch den Sündenfall verdunkelte Gottebenbildlichkeit. Die ersten Ansätze für diese Deutung stammten aus vorreformatorischer Zeit. Schon der Kirchenvater Augustin sprach im Zusammenhang mit Bildung und Erziehung von den Menschen als Münzen Gottes. Bei Bernhard von Clairvaux rückte die Imago-Dei-Lehre ins Zentrum christlicher Bildungspraxis.

Verdeutscht wurde die scholastische Terminologie der Imago Dei, die zurückgeht auf die Erschaffung des Menschen nach dem Bilde Gottes in der Schöpfungsgeschichte, im vierzehnten Jahrhundert von Meister Eckhart. Er und seine Schüler Johannes Tau-

ler und Heinrich Seuse entwickelten eine mystische Bild-Gottes-
Lehre, wonach der Mensch *gotformelich* werden sollte.[1] Das alt-
hochdeutsche Wort *bildunga* und das mittelhochdeutsche *bildunge*
bedeuten ursprünglich «Schöpfung», «Verfertigung», beschreiben
also Prozesse der Formgebung und des Gestaltens. Unter mysti-
schem Einfluß gewann das Wort *bildunge* die Bedeutung der Gei-
stesformung. Die Mystiker dachten an einen göttlichen Funken
oder Keim in der Seele, der den Geist des Individuums zu einem zu
Gott hinstrebenden Charakter werden ließ. Bei Meister Eckhart
liegt der Akzent auf Bildung als einem prozeßhaften Geschehen,
das nie abgeschlossen ist, also gewissermaßen eine Frühform des
«lebenslangen Lernens».[2] Sprachliche Einflüsse des Lateinischen
(*formare, plasmare, imprimere*) sind denkbar, werden aber im Grimm-
schen Wörterbuch erst für die Reformationszeit nachgewiesen.

Die Reformationszeit mit ihren Schulgründungen öffnete den
Zugang zur Bildung zum ersten Mal für breite Schichten. Denn in
den protestantisch gewordenen Territorien war das kirchliche
Schulwesen zusammengebrochen, da es meist von Klöstern unterhalten wurde. Gleichzeitig hatte das Vertrauen in weltliche Schulen
gelitten, und so waren die Schulgründungen der Reformationszeit
nicht nur bei den Untertanen, sondern auch bei den Landesfürsten
willkommen. Denn sie hofften, ihre Macht durch den Aufbau eines
Schulwesens zu stabilisieren, und ergriffen die Gelegenheit, ihr
alleiniges Recht auf Gesetzgebung in Anspruch zu nehmen. In
den protestantischen Territorien wurden unter Mitwirkung der
Reformatoren Schulordnungen erlassen, in denen ganz präzise die
Lehrinhalte sowie die Anforderungen an Lehrer festgeschrieben
waren.

Die Reformatoren, allen voran Philipp Melanchthon (1497 bis
1560), den Erasmus von Rotterdam als scharfsinnigen, sprachge-
wandten und außerordentlich belesenen jungen Mann rühmte und
der Luthers Begeisterung als kleiner *Graeculus* weckte, hat sich seinen Ehrentitel des Praeceptor Germaniae (Lehrer Deutschlands)
redlich verdient. Er war davon überzeugt, daß die antiken Schriftsteller und ihre Texte durch humanistische Studien zum Quell

neuen Lebens und Denkens werden könnten. Er weckte den Enthu-
siasmus seiner Studenten, lehrte sie Rhetorik und Grammatik, ver-
faßte eine lateinische und eine griechische Grammatik, die lange
Zeit als die beste galt, las über antike Autoren und erklärte biblische
Bücher. Seine Vorlesungen in Wittenberg waren besser besucht als
die Luthers. Mit dem ihm eigenen pädagogischen Geschick hatte
er die reformatorischen Kerngedanken in den *Loci Communes* systematisiert, weil ihm die bestürzende Unwissenheit des Volkes und
der Geistlichen bei seiner Kirchenvisitation aufgefallen war. Der
Unterricht der Visitatoren aus dem Jahr 1528 gibt davon Zeugnis.
Melanchthon, der Vordenker Luthers in pädagogischen Fragen,
war der festen Überzeugung, daß die Jugend in den Schulen zu
vernachlässigen nichts anderes hieße, als den Frühling aus dem Jah-
resrhythmus zu vertreiben. Bildung und Wissenschaft waren für
ihn Schlüssel für die Erkenntnis der Welt und ihrer Ordnung und
Schlüssel für die Gotteserkenntnis. Wer seinen Geist allerdings
nicht zuvor in der humanen Wissenschaft reichlich geübt habe,
werde in geistlichen und weltlichen Dingen sehr wenig ausrichten.

Melanchthons Rückbesinnung auf die alten Sprachen hatte
einen unmittelbaren Anlaß, denn Luthers Kritik an Aristoteles
hatten viele Studenten in Wittenberg als willkommenes Alibi verstanden, sich von der humanistischen Tradition zu verabschieden
und die alten Sprachen zu vernachlässigen. Schon damals galt es als
ziemlich arrogant, Griechisch zu lernen; auch der schwierigere
Zugang zum Hebräischen schien mehr Mühe als Nutzen zu versprechen. «Da nun die Theologie teils hebräisch, teils griechisch
ist – denn wir trinken als Lateiner aus ihren Quellflüssen –, muß
man die fremden Sprachen erlernen, damit man nicht als ‹stumme
Person› mit den Theologen umgeht», schrieb Melanchthon.[3] Doch
nicht nur um der Sache der Theologie willen, sondern, um ihrer
selbst willen sollten die Studenten zu den Quellen vordringen. Melanchthon empfahl ihnen daher: «wähle dir vom Besten das Beste
aus, und zwar, was zur Kenntnis der Natur und zur Bildung des
Charakters beiträgt. Vor allem ist hierbei die griechische Bildung
vonnöten, die die gesamte Naturwissenschaft umfaßt, um über die

Ethik sachkundig und gewandt sprechen zu können ... Homer ist für die Griechen die Quelle allen Wissens, für die Lateiner sind es Vergil und Horaz.»[4] Die Verkünder des Wortes, so meinte Melanchthon, könnten auf den gelehrten Umgang mit Sprache und Rhetorik nicht verzichten. Pfarrer ohne differenziertes Sprachempfinden und rednerisches Geschick seien faul, plagiierten sich eine Predigt zusammen und redeten dem Volk nach dem Maul. Seine Schulgründungen, Lehrbücher, aber auch viele Gutachten über pädagogische Fragen machten ihn weit über Deutschland bis nach Skandinavien und Osteuropa bekannt. In der gemeinsamen Überzeugung Luthers und Melanchthons, daß Bildung nicht wenigen Geistesgrößen vorbehalten bleiben sollte, lag der Impuls für die Übersetzung der Bibel, die für jeden zugänglich werden sollte, der des Lesens mächtig war. Das sogenannte *sola scriptura* (allein durch die Schrift) als Grundprinzip der Reformation bildete den Impuls für alle Alphabetisierungs- und Bildungsanstrengungen. Ein mündiger Christ mußte die Bibel lesen können, um sich ein eigenes Urteil bilden zu können. Melanchthon maß Glauben, Vernunft und Erfahrung eine gleichrangige Bedeutung im Bildungsprozeß bei und setzte alles daran, die verkrusteten Strukturen des scholastischen Schulbetriebs aufzubrechen und dem Individuum größere Freiheit zu schaffen.

Dieses protestantische Bildungsideal ist in nachreformatorischer Zeit – der Pietismus konnte noch einige Schulgründungen für sich in Anspruch nehmen – vor allem in der Moderne durch Prozesse der kirchlichen Milieuverengung weitgehend in Vergessenheit geraten. Gerade die evangelischen Kirchen hatten lange ihre Schwierigkeiten mit Leistungsanforderungen, erst recht mit Eliten und mit Elitebildung. Sie gaben sich zuweilen geradezu bildungsfeindlich. Erst in jüngster Zeit hat es ein evangelischer Bischof gewagt, das Wort Elite in den Mund zu nehmen und für die Wiedergewinnung der Eliten zu werben. Aus dem Gleichsein vor Gott hat die evangelische Kirche allzu oft auf die Gleichheit der Menschen geschlossen und damit einer regelrechten Gleichheitsideologie nachgeeifert. Das hatte Folgen für die gesamte deutsche Bildungsgeschichte. Die jesuitische Tradition des Schulwesens in Frankreich hat zu radikal anderen Elitevorstellungen geführt als die reformatorisch-humanistische Tradition in Deutschland. In den skandinavischen Ländern lassen sich die Wirkungen reformatorischer Bildung gut beobachten. Das gilt in besonderer Weise in Finnland, das schon im neunzehnten Jahrhundert die höchste Alphabetisierungsrate in ganz Europa aufwies, weil der selbständige Protestant lesen können mußte.

Wegen des reformatorischen Prinzips des Priestertums aller Gläubigen und der damit verbundenen Mündigkeit des aus der Vormundschaft der Kirche emanzipierten Individuums gewann der Bildungsbegriff im Protestantismus eine zentrale Funktion. Bildung ist der Ort, an dem die *imago dei*, also die Gottebenbildlichkeit, trotz aller menschlichen Unzulänglichkeiten erschließbar wird. Bildung hat deshalb theologisch gesehen auch die Aufgabe, Prozesse der menschlichen Selbstbegrenzung zu regeln, beschränkt sich jedoch keineswegs darauf, denn dann hätte sie eine freiheitsbegrenzende gesetzliche Funktion. Im Widerspruch zu Elitevorstellungen steht dieser Gedanke nur auf den ersten Blick. Auch die reformatorische Tradition rechnet mit Eliten, allerdings bleibt der Geschenkcharakter ihrer besonderen Talente oder Gaben immer gegenwärtig. Wenn Luther vom *vir heroicus* der Gottesbegnadung spricht und diesen Menschen als einen beschreibt, der in einer geschichtlichen Krise das Ruder herumreißt, tritt zwar die herausragende Stellung eines solchen Menschen hervor, gleichzeitig aber verdankt er seine Weitsicht nicht Berechnung oder Eigenleistung, sondern Gottes Gnade, die Gott zuteil werden läßt, wenn, wo und wem er will. Insofern sind Elitevorstellungen mit dem reformatorischen Bildungsbegriff nicht nur kompatibel, sondern könnten auch insofern davon zehren, als der reformatorische Bildungsbegriff die Dünkelhaftigkeit von Eliten eindämmt, ohne sie in Demutshaltungen zu zwingen.

Das aus dem humanistischen Bildungsbegriff entstandene protestantische Bildungsverständnis dient nicht ängstlicher Selbstsicherung. Theologisch ist der protestantische Bildungsbegriff nicht als Funktion des Gesetzes zu verstehen, sondern als Wahrnehmung christlicher Freiheit und deshalb als Funktion des Evangeliums. Luther unterschied das Wort Gottes nach Gesetz und Evangelium, wobei das Gesetz oder die Weisung den Menschen mit dem Sollen konfrontiert und seine Unzulänglichkeit erkennen läßt, während das Evangelium den Sünder darauf verweist, daß in Jesus Christus alle Forderungen des Gesetzes schon erfüllt sind und er darauf vertrauen kann, vor Gott als Gerechtfertigter dazustehen.

Bildung ist auch nicht dazu gedacht, Gott oder den Menschen zu imponieren. Sie eröffnet Möglichkeiten und Freiräume und soll die Fähigkeit stärken, verantwortlich Freiheit wahrzunehmen. Insofern ist Bildung, protestantisch verstanden, eine Folge des sogenannten Rechtfertigungsgeschehens. Protestantische Bildungstheorien werden sich immer auf die den unzulänglichen, «sündhaften» Menschen rechtfertigende Zusage des Evangeliums beziehen. Theologisch gesprochen ist es die Gnade, die Gott den Menschen zuteil werden läßt. Dadurch sind sie vom Zwang befreit, ihre eigenen Erschaffer zu sein. Mit Gnade zu rechnen heißt, zu wissen, daß einen weder Tauglichkeit noch Verwendbarkeit ausmachen: Weder durch eine Tat noch durch eine Untat, weder durch Hochleistung noch durch Fehlleistung können Menschen ihre Würde sichern oder verwirken, sie bleibt unberührt davon.

Das hat entscheidende Folgen für das Bildungsverständnis, das sich daran orientiert, daß das biblische Zeugnis geschichtliche und sprachliche Gestalt angenommen hat. Es ist ein Bildungsgut, das sich weder verzwecken noch pädagogisieren läßt, sondern Menschen in Freiheit und Souveränität begegnet. Im Unterschied zur frühen griechischen Antike, in der Menschen als Bürger der Polis zum Gegenstand der Erziehung wurden, gründen protestantische Bildungsvorstellungen immer auf der Freiheit des Individuums. Diese schon fast aufklärerisch anmutende Vorstellung von Mündigkeit ist entscheidend für den Bildungsprozeß, vor allem aber für jede Form der Elitebildung, die auf das verantwortungsfähige Individuum zielt. Das geschärfte Bewußtsein für die Vorläufigkeit und Unzulänglichkeit des eigenen Handelns kann nicht nur vor Elite-

dünkel bewahren. Es kann auch davor schützen, sich unter Totali-
tätszwang zu setzen und fortwährend die gesamte eigene Existenz
perfektionistisch zu rechtfertigen. Der *homo incurvatus in se ipsum*
(der in sich verkrümmte Mensch) war für Luther der Inbegriff des
sündigen Menschen. Dahinter steckt die tiefe Einsicht, daß man
sich kaum selbst beabsichtigen kann, ohne sich zu verfehlen. Aber
dieses Bildungsverständnis hat nicht nur das eigene Selbstbild
beeinflußt, sondern besitzt auch weitreichende Konsequenzen für
den Umgang mit Schülern und Lernenden, und zwar nicht nur bei
der Leistungsbewertung im engen Sinne.

Nur wenn die Freiheit und Würde der Zöglinge respektiert wird,
ist das Evangelium nach protestantischem Verständnis in sein
Recht gesetzt. Wenn Bildung nicht außer acht lassen soll, was in
gegenwärtigen Bildungsdebatten zu Unrecht in den Hintergrund
tritt, die Personbildung, läßt sich individuelle Bildungsgeschichte
nach reformatorischer Auffassung nicht ohne Gottesbezug denken.
Denn die Reformatoren sehen Menschen erst dann als Menschen
erfaßt, wenn sie in Luthers Sinne als Menschen vor Gott verstanden werden. Das gilt übrigens auch dann, wenn dieser Gottesbezug von den Betroffenen ignoriert oder zurückgewiesen wird.
Protestantische Bildungskonzeptionen haben immer die gesamte
Person im Blick, nicht nur einzelne Fähigkeiten oder Kompetenzen,
wie sie im neudeutschen Wissensmanagement genannt werden.
Weil Bildung nach Auffassung protestantischer Denker untrennbar
mit der Menschwerdung verbunden ist, kann sie nie einer kleinen
Gruppe vorbehalten bleiben.

Bildung und Selbstbildung

Bildung ist nach Friedrich Daniel Ernst Schleiermacher (1768–1834),
der die reformatorischen Ansätze im neunzehnten Jahrhundert
aufgriff und fortführte, nicht etwa ein Prozeß neben vielen anderen, sondern *der* Prozeß des eigentlichen Menschwerdens. Zentrum
der Bildung bleibt für ihn deshalb die innere Bildung, die religiöse
Bildung mit einschließt. Das reflexive Bildungsverständnis Schlei-

ermachers spiegelt sich im Deutschen selbst in der Sprache – man
kann sich bilden, aber nicht jemanden bilden, sondern allenfalls
jemanden ausbilden. Selbstbildung ist aber immer rückbezogen
auf Bildung durch andere Menschen. Beim Bildungsprozeß handelt
es sich also um einen Dialog. «Wer sich zu einem bestimmten Wesen bilden will, dem muß der Sinn geöffnet sein für alles was er nicht
ist ... nur durch Entgegensetzung wird das Einzelne erkannt.»[5] Der
Berliner Theologe und Philosoph prägte die protestantische Bil-
dungsdebatte des frühen neunzehnten Jahrhunderts maßgeblich.
Er gehört zu den wichtigsten Denkern der deutschen Romantik
(Novalis spricht ohne Namensnennung von einem, der der Jung-
frau einen Schleier gemacht habe) und des deutschen Idealismus.
Seine Schriften zu Pädagogik, Kulturtheorie und Gegenwartsdeu-
tung fokussierten sich auf eine Neubestimmung der individuellen
Freiheit auf reformatorischer Grundlage.

Während Schleiermachers Bildungsverständnis in *Über die Religion. Reden an die Gebildeten unter ihren Verächtern* (1799) und seinen
Monologen auf Individualität bezogen ist, verlagert sich das Interesse in der Philosophischen Ethik und in seiner Erziehungslehre
auf die großen institutionellen Gemeinschaftsformen, in denen sich
sittliches Handeln verwirklicht. Das sind Staat, Geselligkeit, Wissenschaft, Kunst und Religion. Schleiermachers Bildungskonzept
ist in einer Zeit, da lebenslanges Lernen zum Alibi für Umschulung
und Weiterbildung geworden ist, von enormer Aktualität, weil es
die fundamental-anthropologische Bedeutung von Bildung wiederzugewinnen hilft. Mit der inneren Bildung ist keine neue Innerlichkeit beabsichtigt, sondern ein produktives Wechselverhältnis
von Bildung und Selbstbildung. Befinden sich Bildung und Selbstbildung im Gleichgewicht, verläuft der Prozeß der Aneignung von
Bildungsinhalten in einem andauernden Dialog mit der Wirklichkeit und mit sich selbst. Nur wenn dieser Dialog stattfindet, handelt es sich um Aneignung, Verarbeitung und Auseinandersetzung
mit dem Gelernten. Nur so können eigene Einsichten und Erkenntnisse gewonnen werden. Dieses verstandene, assimilierte Wissen,
das stets auf den Kern der Persönlichkeit bezogen ist, steht in

krassem Gegensatz zu jenem angelernten, angehäuften Wissen, das «gleichsam unverdaut im Bauche klappert», wie Max Scheler formuliert.[6]

Fällt die Selbstbildung aus, bleiben Menschen außengeleitet, beeinflußbar und labil, sich selbst fremd und verunsichert und entwickeln nur in den seltensten Fällen Mut und Initiative. Gelingt die Bildung des Inneren, werden sich freie, selbstbewußte, verantwortliche und liebesfähige Kinder entwickeln. Während Bildung und Erziehung in der gegenwärtigen Diskussion häufig gleichgesetzt werden, liegt in der klaren Unterscheidung zwischen Bildung und Erziehung eine besondere Stärke des Schleiermacherschen Entwurfs. Kant, Schiller, Lessing (*Erziehung des Menschengeschlechts*) und auch Lichtenberg sprachen noch ganz unbefangen von Erziehung, wo Hegel, Schleiermacher und Humboldt bewußt von Bildung sprachen. Schleiermacher ist überzeugt davon, daß Bildung als Entwicklung der Eigentümlichkeit eines Menschen sich niemals durch Erziehung ersetzen oder auf Erziehung reduzieren läßt: «Zeigt mir Jemand, dem Ihr Urtheilskraft, Beobachtungsgeist, Kunstgefühl oder Sittlichkeit angebildet und eingeimpft habt», heißt es provozierend in den Reden.[7] Richtige Erziehung müßte nach Schleiermacher dazu führen, «Hilfe und Ergänzung der Kraft zur eigenen Bildung zu leisten»; falsche Erziehung wäre Gängelung, die junge Menschen vom «ersten Bande der Erziehung an ... nach fremden Gedanken» beschränkte.[8]

Schleiermachers Theorie der Erziehung zielt bewußt auf die sittliche Eigenständigkeit der Person. Der Erzieher ist Vermittler und Dialogpartner, nicht aber ein Vorbild, das es nachzuahmen gilt. Genauso wie Bildung hat auch Erziehung nach Schleiermacher eine individuelle und eine universelle Seite. Sie will die Eigentümlichkeit des einzelnen entwickeln und ihn zugleich tüchtig machen für die mündige Beteiligung in der Gemeinschaft. Das gilt ausnahmslos für alle, nicht nur für eine kleine Schar Auserwählter. Religion hat Schleiermacher zwar als Bildungsgut gewürdigt, gleichzeitig aber festgehalten, daß weder religiöse Einstellung noch innere Haltung gelehrt werden können. Deshalb lassen sich in einem verantwortlichen Religionsunterricht zwar Themen des Glaubens vermitteln, niemals aber der Glaube selbst. Einen Religionsunterricht, der sich darauf beschränkt, Meinungen und Lehrsätze nachzubilden, hätte Schleiermacher als ein ziemlich «abgeschmacktes und sinnleeres» Unternehmen betrachtet.

Weil seine Bildungsvorstellung in das Nachdenken über das Lebensganze eingebettet ist, polemisiert er gegen den zeitgenössischen Utilitarismus der Aufklärungspädagogik. Im «Extrem des Nützlichen» sah er Barbarei und Unbildung. In den *Reden* heißt es deshalb: «Mit Schmerzen sehe ich es täglich wie die Wuth des Verstehens den Sinn gar nicht aufkommen läßt und wie alles sich vereinigt den Menschen an das Endlich und an einen sehr kleinen Punkt desselben zu befestigen damit das Unendliche ihm so weit als möglich aus den Augen gerückt werde.»[9] Schleiermachers Warnungen vor einem utilitaristischen Bildungsverständnis mit geringer Halbwertzeit kamen zu spät, um die Rezeption calvinistischer Traditionen im Protestantismus aufzuhalten, die zu einem Leistungskult ganz eigener Prägung geführt hat.

Protestantisches Leistungsethos

Kulturgeschichtlich gesehen gehen die Eliten mit Hochleistungen auf den Typus des protestantischen Berufsmenschen zurück, der die weltliche Berufstätigkeit ganz in reformatorischer Tradition gleichsam zu einer religiösen Pflicht erklärte und seine Lebensführung strikten Kriterien unterwarf. Eine streng rationale Lebensführung mit «innerweltlicher Askese» und Zeitökonomie hat Max Weber zu Recht mit Calvin und nicht mit Luther in Verbindung gebracht. Denn aufgrund seiner Gnadenlehre fehlte dem Luthertum der psychologische Antrieb zum Rigorismus in der Lebensführung. Im Unterschied zu spätcalvinistischen Auffassungen, die Gnade erarbeiten zu können glaubten, liegt die Pointe der lutherischen Rechtfertigungslehre darin, daß sich die Würde der Person, religiös gesprochen das Heil, nicht durch Leistung erarbeiten, aber auch nicht durch Fehlleistung verwirken läßt.

In seinem 1904/05 veröffentlichten Aufsatz «Die protestantische Ethik und der Geist des Kapitalismus»[10] fragte Max Weber nach den kulturgeschichtlichen Gründen dafür, daß Protestanten des Wilhelminischen Kaiserreichs sowohl als herrschende als auch als beherrschte Schicht eine ausgeprägte Neigung zu den Eliten gezeigt haben. Der Beruf ist im Calvinismus nach Weber die Erfüllung innerweltlicher Pflichten, die sich religiös verbrämen ließen. Denn die Rezeptionsgeschichte von Calvins Prädestinationslehre bietet geradezu den entscheidenden Anknüpfungspunkt für die Entstehung moderner marktwirtschaftlicher Theorien. Die Lehre von der doppelten Prädestination besagt nach Auffassung späterer Calvinisten (bei Calvin selbst ist der Zusammenhang allenfalls angedeutet), daß dem einzelnen von Gott in seinem ewigen Ratschluß von Anfang an entweder das ewige Heil oder die ewige Verdammnis vorherbestimmt ist. Aus dieser fundamentalen Heilsunsicherheit leitet Weber das Bedürfnis ab, innerweltliche Anhaltspunkte für den eigenen Heilsstatus zu finden. «Innerweltlich asketische Lebensführung, Internalisierung strenger ethischer Prinzipien»,[11] sich daraus ergebender wirtschaftlicher Erfolg werden als Zeichen bewertet, an denen sich der eigene Gnadenstand zumindest mit einiger Wahrscheinlichkeit ablesen läßt.

Nur deshalb richteten sich die religiösen Energien auf die aktive Weltgestaltung. Denn das scheinbar Alltägliche, Belanglose konnte genauso den Charakter der religiösen Pflicht annehmen wie die Erfüllung der beruflichen Aufgaben. Die Entstehung einer bürgerlich-protestantischen Elite hat wesentlich mit der strengen Selbstdisziplinierung durch innere Gewissensverpflichtung des protestantischen Subjekts zu tun. Innerweltliche Askese zu üben wurde zu einer geradezu religiösen Übung und führte zu einem Ethos der Sachlichkeit und Wirtschaftlichkeit. Sich nichts zu erlassen, nicht den bequemeren Weg zu gehen war in vielen Fällen mit jener Vereinzelung verbunden, die Elitezugehörigkeit immer begleitet hat. Die Vereinzelung bis hin zur Einsamkeit wurde willig ertragen, weil sie sich in geradezu idealer Weise mit der Fähigkeit des Abstandnehmens vom eigenen Ich und der völligen Hingabe an die

Gewissenspflichten in Einklang bringen ließ. Diesen Inbegriff protestantischen Berufsmenschentums hat Hegel in einem frühen
Text zur Rechtsphilosophie so beschrieben: «Treue und Gehorsam
in seinem Beruf sowie Gehorsam gegen das Schicksal und Selbst-
vergessenheit in seinem Handeln haben zum Grunde das Aufgeben
der Eitelkeit, des Eigendünkels und der Eigensucht gegen das, was
an und für sich notwendig ist.»[12] Daß das Subjekt einer Leistungs-
elite nicht davor gefeit ist, sich zuweilen in seinem Zwang zur unmenschlichen Dauer- und Höchstleistung geradezu selbst erlösen
zu wollen, bleibt eine Gefährdung des protestantischen Berufsmenschen, aber auch seines verweltlichten Nachfolgers, des An-
gehörigen einer Elite. Askese zu üben meint für diejenigen, die zu
Eliten gehören, deshalb nicht nur Verzicht auf viele Annehmlichkeiten, sondern auch die ständige Selbstvergegenwärtigung, Leistung nicht zum Lebensprinzip, zum Wahn werden zu lassen. Die
Bereitschaft, sich dem Imperativ ununterbrochener Leistungsakti-
vität gelegentlich zu enthalten, um anderen Bedürfnissen Raum
zu geben, gehört zur Selbstverantwortung der Eliten. Nur mit der
nötigen Muße kann die Leistungsfähigkeit dauerhaft erhalten bleiben, ohne den Charakter des Zwanghaften anzunehmen.

Da asketische Haltungen inzwischen eher bei Freizeitsportlern
als bei Wissenschaftlern und Intellektuellen erwartet und in deren
Kreisen eher als persönliche Marotte abgetan werden, sei daran erinnert, daß Elitebeschreibungen von Anfang an (Platons *Politeia*)
von Askesevorstellungen flankiert waren, die mit den antiken De-
kadenzvorstellungen und den verderblichen Auswirkungen von
Luxus und überbordenden Annehmlichkeiten auf die Klarheit des
Verstandes zusammenhängen. Arnold Gehlen ging sogar so weit,
die Wirksamkeit eines Eliteanspruchs an die Bereitschaft zur
Askese zu binden.[13] Nur dadurch sah er ihre Vorbildfunktion gesichert. Das gelte etwa für die Ritteraristokratie, weil sie «das
Erwerbsstreben und die Reize des friedlichen Lebensgenusses anderen überließ und ... ihre Haut zu Markte trug, anstatt Waren.
Die urchristliche Gemeinschaft war eine Elite, weil sie der Lebens-
ordnung des römischen Weltreiches die Armut und andererseits

der jüdischen Rechtfertigungslehre das Liebesgebot entgegenstellte.»[14] Interessanterweise kann diesen asketischen Zug auch die
diffuse und heftig umstrittene Hochbegabungsforschung in der
Psychologie nachweisen. Hochbegabte Kinder schaffen es häufig,
auch unter widrigsten, zuweilen fast unmenschlichen Bedingungen überdurchschnittliche Leistungen zu erbringen.[15]

Der lutherisch geprägte Protestantismus hat insofern besondere
Schwierigkeiten mit Eliten, als er sich von der Elitenbildung in den
vergangenen Jahrzehnten in geradezu selbstschädigender Weise
verabschiedet und – labil und ideologieanfällig wie er durch seine
Gewissensautonomie ohne Heilsinstitution bleibt – allzu willfährig den Gleichmacher-Ideologien in der Bildungspolitik ange-
schlossen hat. Das läßt sich an den konfessionellen Schulgründungen in den ostdeutschen Ländern studieren. Während die
katholischen Schulen in den neuen Ländern in gut jesuitischer
Tradition sofort auf Leistung, Auslese und Anforderung gesetzt
haben, zeichneten sich evangelische Schulen eher durch soziales
Engagement sowie ein Unterrichtsfach Diakonie aus.

Gesellschaftshistorisch haben jedoch die bürgerliche Elitekultur
und der Protestantismus immer zusammengehört. Angesichts der
Renaissance des Bürgerlichen wagen es in jüngster Zeit auch die
protestantischen Kirchen wieder, von Eliten zu sprechen. In einem
neuen Positionspapier bezieht sich die Kirche auf ihren hohen
Bildungsanspruch und auf ihre stetige Auseinandersetzung mit der
zeitgenössischen Wissenschaft und den Bildungseliten. Doch diese
Rückbesinnung kommt spät, denn die Kirchen haben viele Elite-
zugehörige verloren, während die Erfahrungen des Kulturkampfes
die Katholiken gelehrt haben, wie sich gut organisierte Minder-
heiten in Gesellschaften durchsetzen können. Französische Protestanten haben aufgrund ihrer reformiert-calvinistischen Prägung
und einer jesuitischen Schultradition wesentlich geringere Schwierigkeiten mit Eliten als lutherische. Das zeigt sich in der französischen Geschichte: Ludwig XIV. wußte allzu gut, warum er in die
Revokation des Toleranzedikts von Nantes viele Bestimmungen
übernahm, die den Fleiß, die Talente und den Besitz der Anhänger

der «*Religion prétendue Réformée*» für das Königreich in Dienst nahmen.

Beim Blick auf die kulturellen und wirtschaftlichen Leistungen des französischen Protestantismus in allen gesellschaftlichen Bereichen, in Politik (Lionel Jospin), Kunst (Schriftsteller und Verleger) und in der Wirtschaft, scheint es kaum noch angebracht, von einer Minderheit zu sprechen. Paradoxerweise scheint der bis heute minoritäre Protestantismus viel eher Elemente einer religiösen Mehrheit aufzuweisen als der majoritäre Protestantismus in Deutschland. Hier zeigen sich die Elemente einer geschwächten Minderheit. Denn spätestens seit dem Ende des konfessionellen Zeitalters verloren protestantische Theologen und Pastoren zugunsten der Juristen und der Staatsbürokratie ihre gesellschaftliche Führungsrolle. Das gesunkene Sozialprestige der protestantischen Geistlichkeit insbesondere in den Jahren zwischen 1780 und 1820 ist prägnant statistisch nachweisbar.[16] Schon damals zogen es die Söhne der Pastoren vor, Juristen und Ärzte zu werden oder andere Berufe mit hohem Sozialprestige zu ergreifen. Dann setzte eine Entwicklung ein, die bis heute andauert: Das Pfarramt wurde zunehmend zum Aufstiegsmodell für bildungsferne Schichten, es büßte seine gesellschaftliche Anziehungskraft ein.

Es ist auffällig, daß die Protestanten gemeinsam mit der jüdischen Minderheit in nahezu allen gemischt-konfessionellen Gesellschaften Europas mit Ausnahme von Deutschland, wo das Luthertum viel stärker verbreitet ist, zu den Eliten gehörten. Selbst im laizistischen Frankreich, für das die Protestanten selbst gekämpft hatten, sind es bis heute die Protestanten und Juden (neben einigen Katholiken), die in allen führenden Ämtern vertreten sind, auch in den Städten, etwa in Montpellier. Denn trotz aller Säkularisierung haben sich offensichtlich bestimmte mentale und habituelle Unterschiede zwischen Protestanten und Katholiken gehalten, auch wenn die Homogenität des liberalen Protestantismus spätestens um die Wende zum zwanzigsten Jahrhundert zerbrochen war.

Noch Ende des neunzehnten Jahrhunderts gab es in Deutschland, aber auch in anderen Gebieten Europas, einen auffälligen

Bildungsrückstand katholischer Bevölkerungsgruppen gegenüber den Protestanten. Die Alphabetisierungsquote in den katholischen Territorien Deutschlands lag weit unter der protestantischer Gebiete, bei Professoren und Studenten der Universitäten sowie unter Schülern der Gymnasien lag der prozentuale Anteil der Katholiken erheblich unter ihrem relativen Bevölkerungsanteil.[17] Vor allem die deutsche Wissenschaft war unter der Vorherrschaft protestantischer Gelehrter geblieben, sozial dominierte das evangelische Bildungsbürgertum, das nicht nur der weltlichen Dichtung der Klassik aufgeschlossen gegenüberstand, sondern auch Zugang zu Technik und Naturwissenschaften fand, während katholische Intellektuelle sich auf Gebiete zurückzogen, die sie an dogmatische Vorentscheidungen banden (Theologie, einige Zweige der Philosophie). Der wachsenden Anziehungskraft der neuhumanistischen Bildungsideologie fühlten sich katholische Intellektuelle nicht gewachsen, sie witterten außerdem den Religionsersatz und lehnten die Bildungsideologie deshalb ab. Denn der Neuhumanismus hatte den Eifer für die Wissenschaft bis zu einer nachgerade absurden Wissenschaftsgläubigkeit gesteigert. Viele Gelehrte waren zu Anhängern der Bildungsreligion der Wissenschaft geworden. Das galt selbst für den einsamen Gelehrten, der sich dem weihevollen Mitwirken an der Durchdringung der Welt verpflichtet fühlte.

Adel und Bildungsadel

Seinem Nächsten in wahrer Liebe zu dienen war die ständische Maxime des erweckt-frommen Rittergutsbesitzers Adolf von Thadden-Trieglaff in Pommern. Sie diente ihm zugleich als Rechtfertigung, sich in der «siegreichen Gewohnheit des Herrschens» zu behaupten. Nach der Revolution von 1848/49 schien das gelungen zu sein. Doch später erwies sich gerade dieses Datum als markanter Punkt des Niedergangs in der Geschichte des deutschen Adels. Zwar schien der Herrschaftskompromiß zwischen Adel, Monarchie und Bürokratie zunächst noch zu halten, und die Fürsten setzten alles daran, die Krise der adligen Selbstbehauptung beizulegen, um ihre eigene Herrschaft zu festigen, weshalb der Adel wichtige privilegierte Positionen, vor allem die Kontrolle lokaler politischer Herrschaftszentren, behielt. Doch in Wahrheit mußte der Adel kämpfen, um die brüchige Fassade vor dem Einsturz zu bewahren.

Ein ähnlich geschlossenes Elitenmilieu, das sich eindeutig verhielt und nach allgemein verbindlichen Grundsätzen lebte, heiratete und seine Berufswahl traf, gab es in keiner anderen Gesellschaftsschicht. Innerhalb des Adels gilt es, zwischen dem Hohen Adel aus den regierenden Häusern, den Standesherren, den 1803 und 1866 Enteigneten, dem Amtsadel und dem Niederen Adel zu unterscheiden.

Daß der Adel sich schichtenspezifisch verhielt und nach allgemein verbindlichen Grundsätzen lebte, hing mit seinem Ehrenkodex zusammen, der sich durch die Jahrhunderte gehalten hat. Das sprichwörtliche preußische Pflichtbewußtsein und der Gehorsam sind aristokratische Überbleibsel, die sich selbst in modernen Armeen und Bürokratien gehalten haben. Da vom Adligen erwartet wurde, daß er dem eigenen Ehrenkodex folgte, stand die Ehre auf dem Spiel, wenn er sich verweigerte, und damit auch der Ruhm, der auf tugendhaftes Verhalten folgt. Zu den militärischen Tugenden gehörten vor allem Tapferkeit und Treue. Hinzu kam der überhebliche Anspruch der Selbsterhebung, der sich in den Anreden «Hoheit», «Eminenz» oder «Majestät» widerspiegelte. Seine Überlegenheit versuchte der Adel nicht selten mit seiner scheinbar biologischen Andersartigkeit zu begründen; er verwies dann auf Zucht, edles Blut oder hohe Geburt. Die Reinheit seines Blutes sollte um jeden Preis bewahrt werden. Deshalb waren nicht standesgemäße Heiraten verboten. Diese Form der Selbstabschließung hatte ihren Preis. Der wichtigste Ideologe des preußischen Konservativismus Friedrich Julius Stahl beschrieb den Adel als anmaßend, überheblich, innerlich hohl und zugleich die geschliffenen Formen seines Standes wahrend, wobei Stahl mehr schlechtes Junkertum als echte Ritterlichkeit zu erkennen meinte.[18] Macht und Ansehen des deutschen Adels sanken im neunzehnten Jahrhundert rapide, und er verlor seine Herrschaftsrechte weitgehend. Schon die preußische Verfassung vom März 1849 hatte entschieden, daß alle Preußen vor dem Gesetz gleich seien, die Frankfurter Reichsverfassung verschärfte diese Tendenz und wurde noch deutlicher: «Der Adel als Stand ist aufgehoben. Alle Standesvorrechte sind abgeschafft.» Geltungskraft erlangte die Reichsverfassung zwar nicht, sie zeigte aber, wie rigoros gegen die Standesvorrechte der Blaublütigen vorgegangen wurde. Mit der beginnenden Industrialisierung stiegen das Wirtschafts- und Bildungsbürgertum auf und das bürgerliche Leistungsprinzip wurde zum vorherrschenden gesellschaftlichen Aufstiegsvehikel. Einfluß hatte der Adel noch in wenigen staatlichen Ämtern, später fast nur noch in lokalen oder regionalen Reservaten und im Militär.

Eine Ausnahme bildete nur der preußische Adel, der sich noch für einige Jahrzehnte als eine der herrschenden politischen Klassen behaupten konnte. Andernorts versuchten die Adligen ihr Überleben durch soziale Abschottung zu sichern und besiegelten dadurch ihren Untergang. Sie versuchten, ihre Vorrechte durch eine Zugangskontrolle zu allen Herrschaftspositionen in Bürokratie, Militär und Diplomatie zu sichern, banden die Obrigkeitsrechte an den adligen Landbesitz, pflegten einen demonstrativ luxuriösen Lebensstil, behielten einen spätfeudalen Ehrenkodex (Duell) und als Mitglieder durch Geburt den Zugang zum Oberhaus sowie zu ererbten Ämtern. Die Adelsprivilegien wurden durch gezielte Heirats- und Familienpolitik gesichert.

Das Bürgertum reagierte auf die soziale Abkapselung des Adels mit trotziger Gegenwehr und erhob das Leistungsprinzip und die Bildungsidee als höchst wirksame rationale Aufstiegsmöglichkeit gegen irrationale geburtsständische Privilegien.[19] Es hatte in allen deutschen Territorien bei entsprechendem Ehrgeiz und Geltungsdrang die Möglichkeit, die Nobilitierung zu erlangen und ein adelsähnliches Leben zu führen. Das glückte allerdings nur den wenigsten, denn im Kaiserreich wurde der Adelstitel nur in Ausnahmefällen verliehen. In Preußen gehörten ganze 1,2 Prozent des Adels zu den frisch Nobilitierten. Die Kriterien für die Auswahl der

Bürgerlichen waren nicht allein Verdienste um den Staat oder Stiftungen, die zu dieser Zeit ein wirksames Instrument der Feudalisierung waren, viel häufiger besaßen die Nobilitierten eine adlige Mutter oder eine adlige Frau. Es ging also im wesentlichen darum, den alten Adel durch Kooptation ergebener Bürgerlicher zu schützen und seine Privilegien zu sichern.

Zwar mahnten die Bürgerlichen den Adel zum Verzicht auf ständische Vorrechte und zum Verzicht auf eine neuerliche Feudalisierung der Verfassung, doch blieb der Adel noch lange Zeit ein soziales Vorbild. Während sich das Bürgertum aristokratisierte, den Ehrenkodex des Adels in mancher Hinsicht übernahm, verbürgerlichte sich umgekehrt auch der Adel, indem die Bodenaristokratie zu modernem landwirtschaftlichem Unternehmertum mit den feudalen Relikten des eigenen Grund und Bodens wurde. Allerdings war Großgrundbesitz längst nicht mehr identisch mit adligem Land und das Großbauerntum keineswegs mit dem Landadel. So reagierten im neunzehnten Jahrhundert beide führenden gesellschaftlichen Klassen wechselweise mit Abschottung und Anpassung. «Indem er die soziale Schließung mit der sozialen Anpassung sowohl machtbewußt als auch lebensklug kombinierte, gelang es dem Adel, sich in seiner Exklusivstellung weiter zu halten, als Vorbild zu fungieren und vor allem seine Dominanz auf dem ‹Korridor der Macht› zu behaupten», konstatiert der Historiker Hans-Ulrich Wehler.[20]

Eine überraschende Aufwertung erfuhr der Adel noch einmal 1860/70, als der preußische Militärstaat binnen kürzester Zeit drei siegreiche Kriege führte, denn den Kern des Heeres bildete das adlige Führungskorps. Reichsregierung, preußische Staatsregierung und die meisten Landesregierungen wurden von adligen Reichskanzlern und Ministerpräsidenten geleitet. Auch die Minister waren zumeist adliger Herkunft. In der Bürokratie wurde die Stellung des Adels ebenfalls gestärkt, bei den strategisch wichtigen Posten der Spitzenbeamten, des oberen Offizierskorps und des Diplomatischen Dienstes spielte adlige Abstammung häufig die entscheidende Rolle bei der Vorauslese für den beruflichen Einstieg, erst recht für spätere Beförderung. Bürgerliche Spitzenbeamte und Offiziere wurden mit Vorrang nobilitiert, so daß die höchsten Ämter des Staates im Grunde in den Händen einer adlig-bürgerlichen Amtsaristokratie waren. Hans-Ulrich Wehler meint, viel «aristokratische Arroganz in Verbindung mit fehlender Zivilcourage, die von der antrainierten Geschmeidigkeit in schwierigen Situationen erdrückt wurde», zu erkennen.[21] Spätestens bei der Verstärkung der preußischen Armee ließ sich die soziale Homogenität nicht mehr vollständig aufrechterhalten. Die adligen Offiziere fürchteten um ihre Vorrechte und warnten davor, weitere Mitglieder aus wenig geeigneten Kreisen zu rekrutieren und sich damit der «Demokratisierung» auszusetzen. Diese Politik der Schließung setzte sich mit Rückendeckung des aristokratischen Militärkabinetts durch, so daß selbst 1914 noch achtundzwanzig Prozent aller Offiziere aus dem Adel, siebenunddreißig Prozent aus der höheren Beamtenschaft und fünfzehn aus Unternehmerfamilien stammten.[22] Die Begünstigung des Adels ließ sich nur so aufrechterhalten, daß die Anforderungen an die Bildungsvoraussetzungen gesenkt wurden. In Preußen reichte die Primarreife für Offiziersaspiranten, während in Bayern schon längst das Abitur gefordert wurde. In Bayern und Sachsen waren nur noch 15 Prozent der Offiziere adliger Herkunft, in Preußen hielt sich die adlige Dominanz. Trotz des Rückgangs adliger Militärangehöriger blieb der Militärverband unter der Vorherrschaft des Adels, weil das obere Offizierskorps seine Einflußmöglichkeiten zu verteidigen wußte. Das gilt bis hin zu Habitus und Verhalten des adligen Offiziers, der seinen Vorbildcharakter behielt: Alle Reichskanzler trugen im Reichstag Uniform.

Nichts stabilisierte die Stellung des Adels mehr als Bismarcks charismatische Herrschaft. Der Adel beherrschte nicht nur Regierung, Bürokratie und Militär, sondern dominierte auch die Erste Kammer, das preußische Herrenhaus, das in der Verfassung Bismarcks ein Vetorecht besaß und die Adelsinteressen bis 1918 entschlossen zu verteidigen suchte. Bismarck hat klar erkannt, daß der Adel seine Stellung langfristig nur sichern konnte, wenn er neue Bundesgenossen kooptierte. Er meinte, es müsse doch wohl im Eigeninteresse des Adels liegen, sich die «Existenzen», deren Wohlhabenheit einigermaßen dauerhaft begründet war, zu assimilieren. Doch seine Mahnung verhallte ungehört. Statt dessen hatte der Adel durch seine Selbstabschließung dafür gesorgt, daß sich verknöcherte Vorstellungen vom Gottesgnadentum, vom natürlichen Primat der Aristokratie, von der historisch legitimierten Begabung für Führung und Regierung halten konnten. Der Adel bewahrte sich außerdem die Überzeugung von der gottgegebenen Ungleichheit der Menschen und von einer berechtigten Sozialhierarchie, an deren Spitze er stand. Die Zentren der Macht in Deutschland bildete zunehmend ein «Elitenkartell» (Wehler) von Aristokratie, oberem Bildungsbürgertum und vermögendem Wirtschaftsbürgertum. Allerdings konnte sich der Adel längst nicht mehr souverän behaupten, und der sinkende Einfluß der Aristokratie wurde von führenden Adelsvertretern vorausgesehen. Ernst von Heydebrand prognostizierte, die Masse werde sich geltend machen und den Aristokraten den Einfluß nehmen. Der Liberale Friedrich Naumann beschrieb die Adelsagonie noch deutlicher und sah die alte Herrenschicht in einem Verteidigungszustand, indem sie alle möglichen Mittel benutzte, um sich in einem demokratisch werdenden Zeitalter über Wasser zu halten. Die zeitgemäße Anpassung des Adels an die politischen und gesellschaftlichen Rahmenbedingungen der reichsdeutschen Modernisierung habe sich, so das Urteil Hans Rosenbergs, «auf das Tragen der demokratischen Maske und die Ausbeutung demokratischer Methoden für undemokratische Ziele bei antidemokratischer Gesinnung» beschränkt.[23]

Der Humanismus als Idee und Wirklichkeit

Die humanistische Bildungsidee richtete sich gezielt gegen die aristokratische und höfische Exklusivität der alten Elite. Sie sollte allen zugänglich sein, nicht nur einer kleinen Schicht Auserwählter. Es war Friedrich Niethammer, der im Jahre 1808 für das spezifisch schulische Training des menschlichen Denkvermögens im aristotelischen Sinne zum ersten Mal den Begriff «Humanismus» als Gegensatz zum «Animalismus» (Ausübung der mit den Tieren gemeinsamen Fähigkeiten) prägte. Die für den Humanismus geeigneten Disziplinen sah Niethammer in der Mathematik, in der Schulung der Sprachreflexion durch die Lektüre altgriechischer und das Formulieren lateinischer Texte. Der große Kulturliberale Wilhelm von Humboldt (1767 bis 1835) sah Bildung als die «letzte Aufgabe unseres Daseins». Sie bestehe darin, «dem Begriff der Menschheit in unserer Person, sowohl während der Zeit unseres Lebens, als auch noch über dasselbe hinaus, durch die Spuren des lebendigen Wirkens, das wir zurücklassen, einen so großen Inhalt, als möglich, zu verschaffen», wobei diese Idee als eine «Verknüpfung unsres Ichs mit der Welt zu der allgemeinsten, regesten und freiesten Wechselwirkung» zu verstehen sei.[24] Jegliche Uniformität war Humboldt fremd. Nach dem Besuch einer Militärakademie fragte er sich in einer Tagebuchnotiz, welcher *esprit de corps* unter den jungen Leuten und welche Einförmigkeit ihrer Bildung entstehen müßten. «Jeder Mensch existiert doch eigentlich (nur) für sich; Ausbildung des Individuums für das Individuum und nach den dem Individuum eigenen Kräften und Fähigkeiten muß also der einzige Zweck alles Menschenbildens sein.»[25] Nicht nur hier verrät Humboldt seine tiefe Vertrautheit mit der griechischen Antike, in der er den ursprünglichen Charakter der Menschheit überhaupt verwirklicht sieht. Bildung war für Humboldt nichts Machbares, sondern der immanente Zweck menschlichen Lebens. Sie hat «ihren Ursprung allein in dem Inneren der Seele und kann durch äußere Veranstaltungen nur veranlaßt, nie hervorgebracht werden.»[26] Humboldt war der Überzeugung, daß im Lernen das Gedächtnis geübt, der Verstand geschärft, das Urteil berichtigt und das sittliche Gefühl verfeinert werden. Nur so läßt sich in seinen Augen die nötige Freiheit gewinnen, einen Beruf aus Neigung und nicht als Broterwerb zu ergreifen.

Die geistigen Väter der preußischen Hochschulreform, Fichte, Hegel, Schelling, Schleiermacher und Humboldt, wollten durch ihre neuhumanistisch-idealistischen Schriften den Staat, den sie im Niedergang sahen, durch eine nationale Idee zu neuem Leben erwecken. Nicht nur Preußen setzte auf eine Universitätsreform, Reformbewegungen gab es um 1800 in allen deutschen Staaten. Baden, Württemberg oder Hessen-Kassel veränderten ihre Universitäten noch vor der Berliner Universitätsgründung im Jahr 1790 nach den Vorbildern der Reformuniversitäten von Halle und Göttingen. Sie besaßen weitgehende Lehr- und Forschungsfreiheit und waren wie alle später reformierten Hochschulen zu staatlichen Anstalten geworden, die ihre finanzielle Eigenständigkeit verloren hatten. Sie waren nun also vom Staatshaushalt abhängig und nicht mehr von Dotationen, Pfründen oder Stiftungen. Begleitet wurden die Reformen durch staatliche Eingriffe in die Selbstverwaltung der Universitäten. Es wurden neue Fächer wie Staatswissenschaften, neuere Sprachen und erste medizinische Kliniken eingerichtet, und der Staat besetzte die Professorenstellen ohne Rücksprache mit den Hochschulen. Bis zum Ende der Reformphase im Jahr 1830 gelang es den Hochschulen allerdings, einen Teil der korporativen Freiheitsrechte wie die Selbstverwaltung wiederzuerlangen.

Als Humboldt, dessen Universitätsreform zu einem Mythos wurde, nach dem Zusammenbruch Preußens vom Reichsfreiherrn vom Stein beauftragt wurde, die Leitung der Sektion des Kultus und des öffentlichen Unterrichts im neugeschaffenen Ministerium des Innern zu übernehmen, ordnete er 1809 das gesamte Schul- und Erziehungswesen neu und begründete das allgemeinbildende, nach Stufen und nicht mehr nach ständischer Herkunft differenzierte Schulwesen, entwickelte das humanistische Gymnasium, das er den tradierten Gelehrtenschulen entgegenstellte, und gründete die Berliner Universität als Modell für alle hohen Schulen in Preußen. Allerdings entfernte sich die Wirklichkeit des humanistischen Gymnasiums und der Universität rasch von ihrer Grundidee der reinen Menschenbildung. Beide wurden unversehens zur Erhaltung von Standesprivilegien mißbraucht oder dienten der Vorbereitung zu höheren Berufen. Sie erreichten schon zu Humboldts Zeiten nicht das Ideal einer nur auf allgemeine Menschenbildung bezogenen Institution. Humboldts Idee bezog sich zwar

auf eine Bildung für alle, ihre Realität aber war die einer partiku-
lären Elite. Das humanistische Gymnasium und Humboldts Universität wurden institutionelle Grundpfeiler eines Berechtigungs-
wesens, das die Elite der Staatsbeamten hervorbrachte. An die
Stelle der Eliten der höfischen Fürstendiener traten die gebildeten
Staatsdiener, die durch ihren Eid dem Fürsten verpflichtet waren.
Desillusioniert von seinem eigenen bildungspolitischen Wirken
widmete Humboldt sich die letzten fünfzehn Jahre seines Lebens
allein seinen Sprachstudien, die ihn unter den Zeitgenossen be-
kannter gemacht haben als die Bildungsreformen.

Die engen Aufstiegsmöglichkeiten über Gymnasien und Universitäten hielten die bis zur Mitte des neunzehnten Jahrhunderts
auffallend homogene Schicht der Gebildeten über Jahrzehnte bemerkenswert schmal. Neuhumanismus, innere Staatsbildung und
protestantische Rationalität, Familientradition, Gymnasium und
reformierte Universität wirkten in Preußen so trefflich zusammen,
daß sie den Bildungsbürger hervorbrachten. Als Bindeglied wirkte
das Ideal der neuhumanistischen Bildung, deren Kern ein Kanon
an exemplarischen Werken der Literatur, Kunst, Musik und Philosophie mit einer starken Orientierung an den stilbildenden Werken
der klassischen Antike bildete.[27] Bis zur Mitte des neunzehnten
Jahrhunderts galt die volkstümliche Feststellung «Bildung geht vor
Besitz». Darin spiegelte sich das hohe soziale Ansehen, das sich das
Bildungsbürgertum rasch erworben hatte. Bildung stiftete nicht nur
bürgerliche Identität und eine gemeinsame Verständigungsebene,
sondern ebnete einer «Aristokratie der Bildung» den Weg. Dabei
hatte das Bildungsbürgertum zwar durchaus den Anspruch, diese
Kultur einerseits auf eine herausragende Schicht zu beschränken,
sie aber gleichzeitig zum Maßstab für das gesamte Land zu erheben.
Zwar gab es in der ersten preußischen Verfassung (auch in der revi-
dierten Fassung) kein Individualrecht auf Bildung oder Bildungs-
freiheit, wohl aber ein institutionelles staatliches Schulwesen, das
auch private Schulen zuließ. Das Gymnasium konnte sich trotz
mancher Hindernisse weiterhin als Eliteschule durchsetzen.

Doch nicht Examensdiplome allein, sondern erst eine eigene

Bildung von Geist und Persönlichkeit, eine fortgesetzte private
Weiterbildung, begründeten einen eigenständigen Überlegenheits-
anspruch, der in den Jahren nach der Revolution bis zur Reichsgründung die gebildete Elite ausmachte. Diese Bildungsaristokra-
tie war sicher, ihren privilegierten gesellschaftlichen Rang auch im
Nationalstaat bewahren zu können. Bis zur Mitte des neunzehnten
Jahrhunderts war es das Bildungsbürgertum, das seine führende
Rolle im Liberalismus, vor allem in den Parlamenten, bewahren
konnte. Denn das liberale Bildungsbürgertum war offensichtlich
stärker als andere Gruppen in der Lage, Zukunftsperspektiven für
den Nationalstaat zu entwickeln und gleichzeitig Traditionen zu
wahren. Das gilt auch noch für die Reichsgründungsphase, in der
sich allerdings sein Einfluß verengte. Zum einen schieden katholische Bürger aus und bildeten ein eigenes, sozialmoralisches Milieu,
zum andern verloren die Liberalen ihre Anhänger in den Arbeiter-
milieus. Doch in der Phase der Zweiten Reichsgründung zerbrach
die Symbiose zwischen Wirtschafts- und Bildungsbürgertum im
deutschen Liberalismus.[28] Zugleich verschärfte sich die Kontroverse um klassische oder staatsbürgerlich-realistische Bildungsinhalte wie der Ausspruch des deutschen Kaisers Wilhelm II. bei der
Schulkonferenz 1890 in Berlin bezeugt: «Wir sollen nationale junge
Deutsche erziehen und nicht junge Griechen und Römer.» Gegen
Ende der Wilhelminischen Ära war die Kultur demokratisiert
worden, der Liberalismus kein Privileg des gebildeten Mittelstan-
des mehr und Bildung nicht etwa zu einem tauglichen Wahlrechts-
kriterium geworden. «Die Symbiose von Bildungsbürgertum und
Liberalismus hatte also bereits ihr Ende erreicht, bevor die Erfahrung und die Folgen der Weltkriegsniederlage die frühere gesellschaftliche Position des Bildungsbürgertums und die politische Kraft
des Liberalismus vollends zerstörten», stellt der Historiker Dieter
Langewiesche fest.[29] Es war zu einer kulturellen Enteignung des
Bürgertums gekommen, die nicht mehr rückgängig zu machen
war.

Wie stark die Liberalen selbst das Ende des liberalen Bildungsbürgertums empfanden, zeigt sich etwa in den Briefen Ludwig

Bambergers, der mit Bedauern feststellt, der junge Nationalstaat
breche mit «derjenigen Kulturwelt», aus der er hervorgegangen
sei.[30] Einer der Vordenker des liberalen Kulturprotestantismus, der
Heidelberger Theologe und spätere Berliner Kulturphilosoph
Ernst Troeltsch, hat das Unbehagen des Bildungsbürgers zu
Anfang des zwanzigsten Jahrhunderts so beschrieben: Er sah die
geistige Grundlage des alten Liberalismus – vom Bildungsbürgertum hochgehalten und gepflegt – zerrieben, als «Deutschland nach
dem Vorbild des Westens und über dieses hinaus kapitalistisch und
infolgedessen imperialistisch» wurde und eine tiefe Spaltung der
Gesellschaft in einen militaristisch-konservativ-imperialistischen
Teil der Gesellschaft und einen proletarisch-internationalen Teil
sichtbar wurde. «Der ‹Geist› kam dabei auf beiden Seiten arg ins
Gedränge, auf der einen kam er unter die Räder der unsentimenta-
len Macht- und Realpolitik, auf der anderen unter die des Klassen-
kampfes und der wirtschaftsgeschichtlichen Dialektik. Soweit er
daneben bestehen blieb, tobte er sich in großstädtischem Snobis-
mus und allerhand enge Kreise berührenden Literatur- und Kunst-
revolutionen aus oder versandete er in Schulmeisterei und Speziali-
stentum. Die alten geistigen Grundlagen verfielen den Festrednern
und Historikern», meinte Troeltsch.[31]

Zusätzlich erschüttert wurde das Bildungsbürgertum, das seine
gesellschaftlichen Ansprüche auf Bildungswissen und Kultur-
werten gegründet hatte, durch das neue naturwissenschaftliche
Denken – etwa die 1905 veröffentlichte Relativitätstheorie –, weil
es eine grundlegende moderne Erkenntnis nicht mehr in seinem
gewohnten Bildungskanon fand. Solche Erfahrungen brachten
sein Weltbild zunehmend ins Wanken. Eingebüßt hatte es auch
sein Deutungsmonopol über Kunst und Kultur, weil die Interpreta-
tionshoheit inzwischen an die Kunst- und Kulturschaffenden selbst
übergegangen war. Hellsichtig beschrieb Alfred Weber (1868 bis
1958), der Bruder Max Webers, in seiner *Kultursoziologie* die damit
einhergehende Zerstörung des elitären bildungsbürgerlichen Milieus. Nach Weber zerfällt das menschliche Gesamtdasein in drei
verschiedene Bereiche. Der Zivilisations- und der Gesellschafts-

sphäre steht die weitgehend autonome Kunstsphäre gegenüber, zu der Kunst, Philosophie, Religion und Mythen zählen. In der zunehmenden Auflösung der Bindungen zwischen der Kultursphäre und den anderen Sphären sah Weber einen Grund für die wachsende Heimatlosigkeit des neuzeitlichen Menschen. Der echten geistigen Elite obliege, so Weber, das Werk einer Kultursynthese. Gemeint war damit die Überwindung der durch die «Veräußerlichung» aller Werte hervorgerufenen gesellschaftlichen Krisensituation. Weber forderte deshalb eine neue wertorientierte Elite, die die bedrohliche Erfahrung des Bedeutungsschwundes geistiger Führungsmilieus in einer bürokratisch verwalteten Gesellschaft kompensieren sollte. Die «Depossedierung der geistigen Führer», die sich bis ins neunzehnten Jahrhundert zurückverfolgen lasse, sei begleitet von einer wachsenden Entfremdung zwischen Geist und Macht, Innerlichkeit und Politik.[32] Mit dem Ende der bildungsbürgerlichen Deutungshoheit war das Ende verbindlicher Kultur- und Bildungswerte gekommen. Das Ende des humanistischen Gymnasiums und der Universität nach Humboldts Vorbild, die schleichende Aushöhlung der akademischen Professorenschaft durch Modelle wie die Juniorprofessur zeigen die standesrechtlichen und bildungspolitischen Folgen der Entmachtung der bürgerlichen Kultur als Vorbild und Norm kulturellen Wirkens. Seit dem Ende des neunzehnten Jahrhunderts wurde der Bildungskanon zu einem Objekt des Streites, der sich durch die siebziger bis in die achtziger Jahre des zwanzigsten Jahrhunderts zog. Kultur transformierte sich zunehmend in Lebensstil. Damit hat sich die «einstige bürgerliche Leitkultur in ein schmales Segment der globalen Eventkultur verwandelt, das nicht einmal mehr imstande ist, den Resten bürgerlicher Lebensformen Gestalt und Inhalt zu geben», analysiert der Wiener Philosoph Konrad Paul Liessmann.[33]

Halbbildung wurde im Zuge der Bildungsexpansion geradezu institutionalisiert. Die hohlen Phrasen von Bildungsstandards, Mindestanforderungen, Bildungsplänen und einer großflächigen Bildungsplanung offenbaren die Geistlosigkeit des allgemeinen Bildungsgeschwätzes. Doch vom Geist zu sprechen, scheint inzwischen ein Privileg der Trinitätstheologen geworden zu sein, aus dem Bildungsdenken ist er längst verabschiedet worden. Es liegt auf der Hand, daß die letzten vermeintlichen oder auch tatsächlichen Refugien einer Bildung, die sich nicht in Skalen und Zahlen niederschlug, die also immer elitär erscheinen mußte, um so entschiedener bekämpft wurden. Das gilt für alle Fächer, in denen schlicht das Denken geübt werden sollte, die sich jeder Nützlichkeitsbegründung entziehen, also für Mathematik, Philosophie, Kunst, Musik, klassische Literatur, aber auch und gerade für den Unterricht in Latein und Griechisch. Denn dafür schien es in der als Ausbildung mißdeuteten Institution Schule weder Zeit noch Raum zu geben. In der Antike waren die Stätten der Bildung Orte der Konzentration und Muße gewesen. Sie waren frei vom Zwang zur Nützlichkeit, zur Praxisrelevanz, zur Lebensnähe. Das deutsche Wort Schule läßt sich über das lateinische *schola* auf das griechische *scholé* (Muße) zurückführen und meinte ursprünglich ein bewußtes Innehalten in der Arbeit. Doch davon sollen Schüler offenkundig nichts mehr erfahren. Wenn die Schule keinen Raum mehr für Muße und Konzentration läßt, wird sie unweigerlich zu einem Ort der Unruhe und Betriebsamkeit, an dem Projekte und Praktika, Exkursionen und Ausflüge dominieren. Sie wird, um mit Nietzsche zu sprechen, zu einem Ort der Lebensnot. Zeit zum Denken bleibt dabei nicht.

Latinum in latrinam

Vor allem in der Nachkriegszeit wurde der altsprachliche Unterricht häufig als Möglichkeit gesehen, verlorengegangene Werte wiederzugewinnen. Dabei kam es auch zu völlig unreflektierten Idealisierungen der antiken Stoffe, die meist mit einer Betonung der elitebildenden Funktion des altsprachlichen Unterrichts verbunden waren: «Die Gefahr der Entwicklung zur Massendemokratie, wie sie Platon als Verfallsform kennzeichnet, ist heute vielfach gegeben: um so wesentlicher erscheint es, immer wieder die echten Werte der Demokratie herauszustellen, die nur mit Eliten durch

Überwindung des Massendenkens zu verwirklichen sind, deren Grundpfeiler aber die Gerechtigkeit im Sinne des platonischen Staatsideals darstellen muß.»[34] Mitte der sechziger Jahre schlug das Pendel um, denn nun hatte die Bildungspolitik die Chancengleichheit für alle Schüler zum Programm erhoben. Im Lateinunterricht wurde vor allem von Gesamtschulvertretern nichts anderes als eine institutionalisierte soziale Benachteiligung vieler Schüler gesehen. Lateinunterricht galt als abschreckend für die unteren Sozialschichten und als alter Zopf: *latinum in latrinam.* Die Gewerkschaft Erziehung und Wissenschaft brandmarkte den Lateinunterricht 1972 als «funktionslos gewordenes Herrschaftswissen»[35] und forderte dessen Abbau. Griechisch wurde als «fortschrittsfeindlich, antidemokratisch, herrschaftsetablierend, welt- und gegenwartsfremd» und als «Bildungsfach mit elitärem Anspruch und schichtenspezifischer Ausrichtung» diffamiert.[36] Der Kahlschlag der siebziger Jahre mit enormen Einbrüchen bei den Schülerzahlen (1969 lernten 15,23 Prozent der Sextaner Latein, 1973 waren es nur noch 7,4 Prozent) gab allen Anlaß, die Zukunft der alten Sprachen pessimistisch zu sehen.[37]

Viele Altphilologen erkannten zwar die Krise der sogenannten toten Sprachen, standen ihr aber völlig hilflos gegenüber und gaben dem Lateinunterricht allenfalls noch eine Chance als Wahlfach in der reformierten Oberstufe oder flüchteten sich in wenig glaubhafte Nützlichkeitsbegründungen. Davon ist längst nicht mehr die Rede. Inzwischen scheint bei aller Pisa-Seligkeit unter den Eltern das Bedürfnis gewachsen zu sein, ihren Kindern Bildungserfahrungen zu vermitteln, die sich nicht in *skills* oder Kompetenzen für die Durchsetzung in der Wettbewerbsgesellschaft niederschlagen.

Der frühere hessische Kultusminister Ludwig von Friedeburg, selbst ein Protagonist der Egalisierung, brachte die bildungspolitische Wende vom Egalitären zum Elitären rückblickend im Jahre 1984 auf die Formel vom «Pendelschlag zwischen Veränderung und Restauration» und meinte: «Nach Phasen gesellschaftlicher Öffnung, vermehrter Bildungs- und Aufstiegschancen, folgen Zeiten der Reaktion. Wenn die Mittel knapp und die besseren Plätze rar geworden sind, geht es darum, erreichte Positionen zu halten,

den Zustrom von unten zu drosseln. Im Wirtschaftsaufschwung
wurden die Gymnasien und Hochschulen geöffnet. Fördern statt
Auslese war das Gebot. Nun soll wieder scharf sortiert werden. Mit
der Wirtschaftsflaute kam die Elitediskussion zurück.»[38]

   Es ist kein Geheimnis, daß Sextaner in Lateinklassen häufig
mehr Voraussetzungen mitbringen als in Englischklassen, daß es
sich um eine regelrechte Leistungsauswahl handelt. Nach den neu-
sten Berechnungen aus dem Jahr 2007 liegt der Anteil der Schüler,
die Latein lernen, wieder bei 9 Prozent und ist im Vergleich zum
Schuljahr 2000/2001 um 30,7 Prozent gestiegen. Vor sechs Jahren
lernte jeder vierte Schüler Latein, inzwischen ist es jeder dritte der
etwa 9,3 Millionen Schüler. Offensichtlich profitiert der Lateinunterricht von der Möglichkeit, Latein und Englisch gleichzeitig zu
beginnen, die die Eltern vor der Entscheidung bewahrt, zwischen
einer alten oder einer neuen Sprache zu entscheiden. Die Zahlen
der Lateinschüler lassen mit Ausnahme von Nordrhein-Westfalen
ein deutliches Nord-Süd-Gefälle erkennen. Während in Bremen
13 Prozent und im Saarland 15 Prozent der Schüler in Gymnasien
Latein lernen, sind es in Nordrhein-Westfalen 39 Prozent und in
Bayern 47 Prozent.[39] Trotz der hohen Wertschätzung durch Eltern
und Schüler scheinen Kultusbeamte vor dem nächsten Anschlag
auf die alten Sprachen nicht zurückzuschrecken. Inzwischen sind
die Studienordnungen für das Lehramt am Gymnasium der Hebel
geworden, zumindest dem Griechischunterricht gewissermaßen
hinterrücks den Garaus zu machen. Während dem Lateinlehrer-
mangel zunehmend durch Nachqualifikationen von zweifelhafter
Güte abgeholfen werden soll, wollen selbst Länder, die bisher als
Refugien des altsprachlichen Unterrichts galten, durch fadenschei-
nig begründete bürokratische Vorgaben verhindern, daß Lehramts-
bewerber gleichzeitig Latein und Griechisch studieren können, und
Interessierte zwingen, nach Abschluß ihres Examens noch eine Zu-
satzausbildung für Griechisch anzuhängen. So erweist sich auch hier
die Abscheu vor der traditionellen Idee der Bildung als das einzige
einende Band der Bildungsreformer unterschiedlicher Provenienz.

4. Pseudo-Eliten an Exzellenz-Hochschulen

Seit dem neunzehnten Jahrhundert sind Reformen des Bildungssystems die klassische Antwort auf unlösbare politische und gesellschaftliche Schwierigkeiten. Die bildungspolitische Diskussion der
vergangenen Jahrzehnte belegt, wie die gleichen Ideen in neuem
Gewande zur alleinseligmachenden Reform ausgerufen wurden
und sich die Illusion festigte, das vermeintlich Neue sei zweifellos
besser als das bisherige. Während der Reformbegriff des fünfzehnten Jahrhunderts (Reformation) etwas Deformiertes, Entstelltes
wieder in seine ursprüngliche Form zu bringen meinte und von
Rückbesinnung und kritischer Reflexion geprägt war, hat sich die
Reformseligkeit inzwischen als umfassende politische Ideologie in
Denken und Sprache eingenistet.[1] Die Reform ist zu einer Wort-
hülse der politischen Korrektheit geworden. Reformbereitschaft ist
die Tugend der Stunde, während Reformverweigerung als rück-
ständig gilt. Wer sich der Reform verweigert, wird geradezu als
Abtrünniger in einem Glaubenskampf behandelt, denn er steht im
Verdacht, sich elitär der Bildungsexpansion verweigern zu wollen.

Forciert wurden die Reformen mit dem Ziel einer Bildungsexpansion erstmals in den sechziger Jahren. Hatten sich schon im
Laufe der fünfziger Jahre die Abiturientenzahlen nahezu verdoppelt,
verstärkte sich die Bildungsexpansion Anfang der sechziger Jahre
noch einmal merklich. Georg Pichts Warnruf vor der drohenden
deutschen Bildungskatastrophe, die nur durch eine gerechte Ver-
teilung von Bildungschancen und mehr soziale Gerechtigkeit zu
verhindern wäre, prägte die Neuerungen der späten sechziger und
der gesamten siebziger Jahre. «Die wirtschaftliche und politische
Führungsschicht, die das sogenannte Wirtschaftswunder ermöglicht hat, ist vor dem Ersten Weltkrieg in die Schule gegangen; die
Kräfte, die heute Wirtschaft und Gesellschaft tragen, verdanken
ihre geistige Formung den Schulen und Universitäten der Weima-

rer Zeit. Jetzt aber ist das Kapital verbraucht ... Es steht uns ein Bildungsnotstand bevor, den sich nur wenige vorstellen können», heißt es bei Picht im Jahre 1964.[2]

Hektisch wurden seine Forderungen nach einer Verdoppelung der Abiturientenzahlen in bildungspolitische Reformen verwandelt. Die Anzahl der Abiturienten und der Studenten wurde durch Ermäßigung der Anforderungen erhöht, Fremdsprachenunterricht an Grundschulen eingeführt, neue Schulen im ländlichen Raum eingerichtet, dazu eine Bildungsplanung etabliert, kurzum, es wurde investiert und expandiert und aus dem Vollen geschöpft. Damit kam es jedoch erst zu jener Bildungskatastrophe, deren Ausbruch Picht prophezeit hatte. Um sie abzuwehren, waren die Universitäten zu schlecht ausgestatteten Massenuniversitäten geworden. Sie hatten unter den fortwährenden Reformattacken so zu leiden, daß weder Schule noch Hochschule dazu kamen, sich auf ihre eigentliche Aufgabe zu besinnen. Das, was unter Bildung verstanden wurde, war im Zuge dieser Reformen zu einem unablässigen, angestrengten Ausweitungs- und Anpassungsprozeß geworden. Der Versuch, soziale Gleichheit über eine Politisierung des Bildungswesens herbeizuführen und zugleich über eine Schulreform die gesamte Gesellschaft zu erneuern, scheiterte zwar, doch der Bildungsbegriff in seiner traditionellen Prägung ging verloren. Ihn hatte Georg Picht auch regelrecht verabschiedet, als er feststellte, daß der überkommene Bildungsbegriff der höheren Schule und die daraus abgeleiteten Bildungsziele nicht dem Bildungsauftrag entsprächen, der in den Anforderungen einer modernen Gesellschaft vorgezeichnet sei. Nach der Egalisierung der siebziger Jahre und dem mißglückten Versuch, «Chancengleichheit» für alle zu gewährleisten, haben spätestens die Pisa-Studien zu der nüchternen Einsicht geführt, daß nicht nur unterschiedliche Begabungen, sondern auch die soziale Herkunft für so verschiedene Voraussetzungen sorgen, daß alle Egalitätsbestrebungen von vornherein zum Scheitern verurteilt sind. Wichtiger noch als materieller Besitz sind für Kinder anregende und fordernde Umgebungen und durchaus die Anzahl der Bücher im elterlichen Regal. Darüber besteht inzwischen Übereinstimmung.

Als Gegenbewegung zu allgemeinen Egalisierungsbestrebungen sind in den vergangenen Jahren Eliteeinrichtungen entstanden, Gymnasien für Hochbegabte wie das Landesgymnasium Sankt Afra in Meißen, das staatliche Internat Schloß Hansenberg im hessischen Geisenheim oder das Landesgymnasium für Hochbegabte in Schwäbisch Gmünd. Noch vor wenigen Jahren wäre es ganz undenkbar gewesen, daß der Staat selbst solche Eliteschulen gründet und unterhält. Sie versuchen in einer Zeit, da Pisa-Ideologen Lesen und Textverständnis auf das sogenannte *literacy concept* verengen und Bildung mit Kompetenzerwerb verwechseln, letzte Überreste einer individualisierten Bildung zu retten, auch wenn sie nicht explizit davon sprechen. Denn das *literacy concept* fördert ein mechanisch-technisches Leseverständnis, das völlig inhaltsleer ist; es geht zwar darum, die Botschaft des Textes zu verstehen, es ist aber völlig gleichgültig, ob das Lesen an einem Beipackzettel oder einem Zeitungsartikel gelernt wird. Wichtig ist nur der «Kompetenzerwerb». Literarische Texte spielen kaum eine Rolle.

Im übrigen wird über Bildungspläne von der Wiege bis zur Bahre ebenso offen verhandelt wie über die neuen hirnphysiologischen Befunde über die Wahrnehmungsfähigkeit der Embryos im Uterus. Die ersten Baby-Bildungsexperten machen auch hier zwielichtige Geschäfte, wie sie schon seit Jahren in den Vereinigten Staaten ihr kostenträchtiges Unwesen treiben. Der Präsident der Studienstiftung des Deutschen Volkes, Gerhard Roth, macht sich als Hirnforscher darüber Gedanken, wie eine effiziente Elitenförderung schon im Kindergarten einsetzen könnte. Eilig werden Bildungspläne für den Kindergarten formuliert, ohne daß auch nur eine Erzieherin besser qualifiziert wäre und die anspruchsvollen Anforderungen erfüllen könnte.

Doch im Unterschied zu England, Frankreich, Japan und den Vereinigten Staaten muß in Deutschland niemand bestimmte Elitebildungseinrichtungen durchlaufen haben, um eine Führungsposition einzunehmen. In Deutschland fehlen klassische Eliteeinrichtungen wie die *Grandes Écoles* in Frankreich, die englischen Elite-Internate oder die amerikanischen Vorzeigeuniversitäten.

Denn das klassische Bildungsbürgertum hat sich mit großer Selbstverständlichkeit immer als Elite verstanden und die Zugänge zum Bildungssystem als eigentliche Pforten zur Elite verteidigt. Bildungszertifikate wie Abitur und Examen waren die Eintrittskarten für einen sozialen Aufstieg. Karrieren außerhalb dieses Wegs durch die Bildungsinstitutionen waren in den Augen des Bildungsbürgertums nicht denkbar. Allerdings war Bildung für das Bildungsbürgertum weniger eine Voraussetzung für ökonomischen Erfolg als ein Wert an sich, der mit sozialer und wirtschaftlicher Anerkennung belohnt werden sollte.

Die Folgen der kulturellen Enteignung des Bildungsbürgertums

Dem Anspruch des Bildungsbürgertums, diese Bildung nur einer kleinen Schicht von Auserwählten zukommen zu lassen und sie gleichzeitig zum allgemeinen Maßstab für das gesamte Land zu erheben, ist die spätere Perversion und Aushöhlung des Bildungsbegriffs zuzuschreiben. Einerseits wurde für die Weitergabe eines klassischen Literatur- und Kunstkanons gesorgt, andererseits aber auch die Karikatur des Bildungsbürgers befördert, der sich nur deshalb über seine Mitmenschen erhaben fühlte, weil er sich mit seinem angelernten Zitatenschatz für alle Lebenslagen gerüstet glaubte. Später, als Bildung längst zur praxisbezogenen Ausbildung geworden war, konnten sich sogenannte Bildungsforscher, Bildungsministerien und Bildungsinstitute noch einer gewissen sozialen Anerkennung durch das Bürgertum erfreuen, weil sie sich mit dem Bildungsbegriff schmückten. Der sprachliche Etikettenschwindel kann allerdings nicht darüber hinwegtäuschen, daß die Persönlichkeitsbildung dabei längst keine Rolle mehr spielte. Seine größte Niederlage mußte das Bildungsbürgertum in seiner Wächterfunktion hinnehmen, als die Bildungsexpansion zu einer Entwertung der Bildungszertifikate führte, deren Folgen sich inzwischen in aller Deutlichkeit zeigen. Die inflationäre Ausweitung der sogenannten «Bildungsanstalten» oder «Hochschulen» hat eine anspruchslose

Möglichkeit geschaffen, Bildungsdiplome zu erwerben, und läßt, wie Helmut Schelsky schon Mitte der siebziger Jahre feststellte, eine «sehr breite Schicht in den Genuß des generationshaft erarbeiteten Bildungsprestiges kommen, ohne daß dessen moralisch-geistige Verpflichtungen noch übernommen zu werden brauchen.»[3] Durch wachsende Abiturientenzahlen – von der OECD und der gesamten Bildungspolitik als unaufgebbares Ziel angepriesen – sind die Hochschulen zunehmend auf Eignungsprüfungen angewiesen, denn auf die sogenannte Hochschulreife können sie sich weniger denn je verlassen. Akkreditierungsagenturen und Zertifizierungsunternehmen lockt ein gigantisches Geschäft im neuen Unternehmen Hochschule.

Die Hauptlast der Entwertung des Abiturs haben die Hauptschulen zu tragen. Deren Absolventen müssen nun mit Realschülern und Abiturienten um Lehrstellen konkurrieren und dabei häufig erkennen, daß ihr Bildungszertifikat auf dem Ausbildungsmarkt schlechterdings nichts wert ist. In allen europäischen Ländern mit Abiturientenquoten von bis zu 60 Prozent (Finnland) verengt sich der Zugang zu den Hochschulen, es sei denn, es herrschen französische Zustände mit einem unbeschränkten Zugang zu den Normaluniversitäten und scharfer Beschränkung bei den Elitehochschulen. Deutschen Hochschulen fehlen nicht nur Expertise und Personal, um mehrere hundert oder tausend Bewerber zu prüfen, sie müssen sich auch damit abfinden, daß die Besten die Wahl unter vielen Hochschulen haben und diese auch selbstbewußt wahrnehmen.

Es gehört zu den Besonderheiten der deutschen Elitediskussion, daß sie fast ausschließlich nach Bildungszertifikaten und ihrem Erwerb fragt. Das hat in Zeiten der Bildungsexpansion nicht etwa dazu geführt, daß es schwieriger geworden wäre, Bildungszertifikate zu erwerben, sondern daß diese geradezu sprunghaft an Wert einbüßten. Hinzu kommt, daß sie nicht mit Bildung im Sinne einer Persönlichkeitsbildung verbunden sind, sondern mit einem Wissen, das sich als Besitz, geradezu als Kapital darstellt, normiert ist und mit Verstehen, Erkenntnis oder Charakterbildung schlechterdings

nichts zu tun hat. Ein verräterisches Beispiel dafür ist die Kongreß-
ankündigung des Verbandes der Privaten Hochschulen mit dem
Titel «Neue Chancen in Bildung und Weiterbildung: Mehrwerte
durch Akkreditierung und Modularisierung.» Das erinnert an die
Erosionsprozesse der Bildungsidee im späten neunzehnten Jahrhundert, als die Bildungsidee zur säkularisierten Nachfolgeinstitu-
tion der Religion geworden war.[4] Damals entstand der Typus des
geistigen Kapitalisten, der die klassische Trias vom Wahren, Guten
und Schönen mit der von Macht, Geld und Erfolg wirkungsvoll zu
verbinden wußte. Bildung machte Karriere als Statussymbol, das
die Zugehörigkeit zum Bildungsbürgertum sicherte. Allerdings
wurde Bildung damals schon zu einem fragwürdigen Massenarti-
kel – schlecht und billig. Theodor Fontane bemerkte, daß Bildung
sich in dieser Zeit so wenig vermeiden lasse wie «Katarrh bei Ost-
wind», man aber um so mehr auf der Hut sein müsse, «daß aus
der kleinen Affektion nicht die galoppierende Schwindsucht wird.»[5]
Schon der Bildungskritik des neunzehnten Jahrhunderts war klar,
daß die pathetische Rede von der Bildung als Menschenbildung, die
innere und äußere Barbarei abwehren sollte, hohl war. Immerhin
hat das Festhalten an einer idealisierten Bildungsvorstellung, die
Bildung und Wissen als Persönlichkeitsbildung des mündigen Subjekts versteht, dazu geführt, daß Wilhelm von Humboldt solche
Texte und Inhalte als Unterrichtsgegenstände wählte, die geradezu
exemplarisch für das Verständnis menschlicher Existenz waren,
also die alten Sprachen und die antiken Texte.

Die Verabschiedung des Humboldtschen Bildungsideals

Auch die Hochschuldebatte lebt von der Konturlosigkeit des em-
phatisch in Erinnerung gebrachten Bildungsbegriffs. Es ist bis heute
nicht gelungen, ihn klar zu definieren, vielmehr hat ihn ein ähnliches Schicksal ereilt wie den Elitebegriff in früheren Jahren: er wird
immer inhaltsleerer, aus dem allgemeinen Bewußtsein verbannt
und auf andere Ebenen verlagert. Bildungsstandards und Bildungspläne sind nur zwei Beispiele für das neue Schattendasein dieses

typisch deutschen Wortes, das in den meisten europäischen Sprachen (bis auf einige skandinavische und das Russische) mit «Erziehung» wiedergegeben wird. Wie ausgerechnet ein individueller, lebenslanger Prozeß wie Bildung in genormtes DIN-Format gebändigt werden soll, wissen vermutlich nicht einmal die Kultusbürokraten, die solche Wortfügungen ersonnen haben. Sowohl in Schulen als auch in Hochschulen, die bei Picht weniger im Zentrum der Aufmerksamkeit standen, soll nun die Elitenproduktion ausgleichen, was durch die Verabschiedung des Humboldtschen Bildungsideals aus den Bildungsinstitutionen selbst verlorengegangen ist. Der Bildungsbegriff jedenfalls steht als Gegenbild zu den großangelegten Selbsttäuschungsmanövern gegenwärtiger Bildungspolitik nicht mehr zur Verfügung.

Selbst zu Humboldts Zeiten war die Universität kein Idealgebilde, dem heutige Professoren nur noch nachtrauern müßten. Immerhin hat Humboldt, der seinen Zeitgenossen ohnehin eher als Sprachforscher denn als Bildungsreformer bekannt war, zwei Monate vor der offiziellen Eröffnung der Universität, die er in Berlin initiiert hatte, die Stadt verlassen (15. August 1810). Sein Entlassungsgesuch als Direktor der Sektion für Kultus und öffentlichen Unterricht hatte er schon Ende April eingereicht und in einem Brief an seine Frau Caroline im Mai 1810 geschrieben: «Mit wie vielen Schwierigkeiten ich bei dem allem zu kämpfen habe, wie die Gelehrten – die unbändigste und am schwersten zu befriedigende Menschenklasse – mit ihren sich ewig durchkreuzenden Interessen, ihrer Eifersucht, ihrem Neid, ihrer Lust zu regieren, ihren einseitigen Ansichten, wo jeder meint, daß nur sein Fach Unterstützung und Beförderung verdiene, mich umlagern, wie dann noch jetzt Unannehmlichkeiten und Zänkereien mit anderen Kollegien und Menschen hinzukommen, davon hast Du … keinen Begriff.»[6] Im selben Brief hält er seinen Grundsatz bei der Berufungspolitik fest: «Man beruft eben tüchtige Männer und läßt die Universität sich allmählich encadrieren.» Angesichts neuer Tendenzen, möglichst wenig renommierte Professoren zu berufen, damit sie nicht allzu viel vom gemeinsamen Finanztopf verbrauchen und damit die Zuweisungen der schon vorhandenen Professoren gefährden, gehört solches Denken in der Tat der Vergangenheit an. Vor allem Humboldts Grunderkenntnis, daß Einsamkeit und Freiheit die beiden vorherrschenden Prinzipien der Universität sein müßten, sind in der Universität à la Bolognese vollkommen in den Hintergrund getreten. Denn neuerdings wird selbst eine Promotion, die im einsamen Kämmerlein mit viel Bibliotheks- und Forschungsarbeit verbunden ist, als Unheil betrachtet. Sie wird nicht mehr in Humboldts Sinne als Möglichkeit empfunden, intensiv «Wissenschaft zu suchen», sondern vor allem als Sammeln und extensives Aneinanderreihen mißverstanden.

Was als neue europäische Konzeption der Doktorandenausbildung geplant ist, ist das Ende des einsamen Forscher- und Denkerdaseins. Es ist das glatte Gegenstück davon, mag für manche naturwissenschaftlich-technische Studiengänge geeignet sein (die Ingenieure haben sich schon dagegen gewehrt), für die Geisteswissenschaften hingegen nicht. Denn nun hat das neue Unwort der Hochschule, die Betreuung, auch die Doktoranden erfaßt. In den Geisteswissenschaften werden die größten Forschungsleistungen nicht im Team vollbracht, sondern einsam, allein, entbehrungsreich und mit Unmengen von Quellen und Literatur – und das soll heutigen Doktoranden in einem gruppendynamischen Szenario mit gegenseitigem Pulsfühlen vorenthalten bleiben? Vorgegebene Doktoratsprogramme, die in der Hälfte der Unterzeichnerstaaten der Bologna-Erklärung sogar mit Leistungspunkten bewertet werden, führen zu einem Wissenschaftsverständnis, das der Planbarkeit und Standardisierung, nicht aber der Freiheit von Forschung verpflichtet ist.

Was verbirgt sich hinter Bologna?

Es ist eine Ironie der Geschichte, daß ausgerechnet der Prozeß, der dem westlichen Hochschulideal den Garaus macht, den Namen der ältesten europäischen Universität trägt. Zum achthundertsten Jubiläum der Pariser Universität (Sorbonne), die sich lange mit

Bologna gestritten hatte, wer nun die ältere Universität sei, einigten sich die vier Bildungs- und Wissenschaftsminister aus Deutschland, Frankreich, Italien und dem Vereinigten Königreich auf die Sorbonne-Deklaration zur «Harmonisierung des Aufbaus des europäischen Hochschulsystems». Sowohl Studenten als auch wissenschaftliches Personal sollten mobil sein, außerdem sollten die nationalen Abschlüsse vergleichbar sein und gegenseitig anerkannt werden. Schon ein Jahr später hat sich die Pariser Absichtserklärung konkretisiert, und 29 europäische Bildungsminister (inzwischen zählt die Liste der Unterzeichner 45 Staaten) einigten sich in Bologna darauf, einen europäischen Bildungsraum zu schaffen, dabei ein zweistufiges System von Studienabschlüssen einzurichten und vergleichbare Abschlüsse zu etablieren sowie ein vereinheitlichtes System von Leistungspunkten einzuführen. Die Bologna-Erklärung blieb nicht ohne Wirkung auf die dortige Universität: Im Jahre 2000 benannte sie sich um und heißt nun nicht mehr *Università degli studi di Bologna,* sondern *Università di Bologna – Alma mater studiorum.*

Bei der späteren Folgekonferenz in Berlin im Jahr 2003 war von der Einführung eines zweistufigen Studiums mit jeweils eigenen Abschlüssen zur Herstellung von «Vergleichbarkeit» beziehungsweise Kompatibilität die Rede (im englischen Vereinbarungstext heißt es *comparable* und *compatible*). Es ist sach- und sprachlogisch ausgeschlossen, mit dem Bologna-Prozeß die Vorstellung eines wie auch immer gearteten vereinheitlichten europäischen Ausbildungssystems zu verbinden. Die vereinbarte grenzüberschreitende Anerkennung von Graden, die an den Hochschulen erworben wurden, und die Schaffung eines Systems «vergleichbarer Abschlüsse» schließen europäische Einheitsgrade aus. Denn es handelt sich bei der Bologna-Erklärung um eine Absichtserklärung, nicht um einen politischen Zwang zur Uniformität. Problematisch sind weniger die damaligen Beschlüsse als der typisch deutsche Übererfüllungseifer, das perfektionistische Vorgehen mit dem Hang zu Einheitlichkeit, Zwang, Zeitdruck, Mittelzuweisungen, die an entsprechende Abschlüsse gekoppelt sind. Andere Unterzeichner der Bologna-Erklärung beachten diese so wie ein neapolitanischer Taxifahrer sich um eine rote Ampel schert – als Anregung, bestenfalls als Empfehlung. Das gilt etwa für Frankreich, in noch stärkerem Maße aber für Italien. Frankreich hat die neuen Studiengänge zwar eingeführt, aber auch viele der alten Diplome beibehalten. Das *Système LMD* (*Licence, Master, Doctorat*) wurde etabliert, die Inhalte der Diplome blieben, manchmal wurden sie neu etikettiert. International konkurrenzfähiger dürfte die bisherige Bolognisierung der französischen Hochschulen wohl keine einzige von ihnen gemacht haben.[7] Erst im Mai 2007 haben die europäischen Bildungsminister größere Gestaltungsfreiräume bei der Strukturierung der Bachelor- und Masterstudiengänge beschlossen. Das kam für viele Universitäten zu spät.

Niemand bestreitet, daß die Zustände der Massenuniversität nicht mehr haltbar waren. Doch die nötigen Schritte zu mehr Strukturen wären auch ohne Bachelor- und Masterabschlüsse möglich gewesen. Die hektischen hochschulreformerischen Aktivitäten weisen nicht den Ausweg aus der Krise, sondern erscheinen eher als deren Ausdruck. Denn zwei entscheidende Ziele der Bachelorisierung sind nicht erreicht worden: eine größere Mobilität der Studenten sowie die internationale Anerkennungsfähigkeit. Nach einer Umfrage unter Fachleuten für die Studienzulassung an 90 amerikanischen und kanadischen Hochschulen wird der dreijährige Bachelor-Abschluß als Zugangsvoraussetzung für ein Masterstudium nicht anerkannt, sondern nur ein vierjähriges Studium. Selbst das Bundesministerium für Bildung und Forschung mußte vor der Londoner Lockerung der Regeln im Jahre 2007 feststellen, daß es künftig zu einem bolognawidrigen Rückgang der Mobilität kommen werde.[8] Immer mehr zeigt sich, daß der Bachelor der Abschluß für die potentiellen Studienabbrecher ist. Das ziert die Statistik der Studienabbrecher ungemein, die Arbeitslosenstatistik hingegen belastet es, denn es hat sich sowohl auf dem Arbeitsmarkt als auch unter den Bachelor-Absolventen herumgesprochen, daß der Master die wesentlich größeren Zukunftschancen eröffnet. Der Bachelor- und Masterzwang hat an den Hochschulen schon jetzt einen erheblichen Flurschaden angerichtet.

Wer sich fragt, warum die Saat von Bologna so ungehindert aufgehen konnte, wird nicht umhin kommen, sich den Katzenjammer zu vergegenwärtigen, der in der deutschen Bildungspolitik nach den fetten Jahren der Bildungsexpansion ausgebrochen war. Hätte das Bildungssystem in der öffentlichen Wahrnehmung nicht so reparaturbedürftig gewirkt, Bologna hätte schon sehr früh viel von seiner vermeintlichen Attraktivität eingebüßt. Die ständig beschworene Internationalisierung des europäischen Hochschulraums könnte sich jedoch langfristig als seine Enteuropäisierung erweisen. Inzwischen sind die Hochschulen hoffnungslos überfüllt, das System bleibt unterfinanziert. Wirkliche Hoffnung auf Ressourcenumsteuerung gibt es nicht. Ganz im Gegenteil: Sparhaushalte, Zusammenlegungen, Schließungen, Mittelverknappungen aller Art wechseln sich in schöner Regelmäßigkeit ab und können auch durch Hochschulpakte kaum gemildert werden. Eine im internationalen Wettbewerb als zu gering empfundene Studierquote – wobei die Vergleichbarkeit sehr fraglich ist – , eine immer wieder beschworene, aber nie wirklich nachgewiesene Zweitklassigkeit der deutschen Universitäten sowie der versäumte Ausbau der Fachhochschulen in den achtziger und neunziger Jahren verschärfen die Lage zusätzlich. Die berechtigte Kritik an der Wirklichkeit des Bologna-Prozesses darf nicht darüber hinwegtäuschen, daß der Gedanke eines europäischen Hochschulraums uneingeschränkte Unterstützung verdient. Nichts einzuwenden ist darüber hinaus gegen eine Neustrukturierung der Studiengänge, auch und gerade in den Geisteswissenschaften. In der Tat waren die Abbrecherzahlen zu hoch, manches zu unstrukturiert und geradezu darauf angelegt, vor dem Examen einen Schnelldurchgang durch die Grundlagen zu erzwingen. Diese offensichtlichen Mängel sind ein Vorwand, unter dem Siegel der Bologna-Reform längst nötige Veränderungen herbeizuführen, die das schon seit den siebziger Jahren mutwillig unterfinanzierte neuhumanistische Universitätskonzept mit seiner massenhaften Nachfrage vor allem in den

Sozial- und Geisteswissenschaften brauchte. Doch in Wirklichkeit geht es gar nicht um einen europäischen Hochschulraum, sondern um einen erfolgreichen Coup der Bildungs- und Finanzverwaltungen, eine Revolution von oben, die viel radikalere Folgen zeitigt als die Studentenrevolte von 1968. Es geht um die Ausrichtung des Bildungssystems auf extern gesetzte Ziele, die fatalerweise die Grundprobleme der deutschen Massenuniversität völlig unberührt läßt. Statt dessen ist die Bologna-Reform zu einem Selbstläufer geworden, der zu der schizoiden Situation führt, daß die Protagonisten der Reform zwar ihre Schwächen kennen, auf sich selbst und andere aber einen enormen Beteiligungszwang ausüben. Am Ende weiß niemand mehr, ob es eigentlich um Exzellenzfestlegung oder um Festlegungsexzellenz geht. Niemand kann sich mehr dem fortwährenden Evaluieren, Akkreditieren, massenhaften Habilitieren, massenhaften Publizieren entziehen, weil er glaubt, nur so seine Existenz sichern zu können. So wird die Freiheit des Wissenschaftlers massenweise verwirkt.

Vieles, was oberflächlich betrachtet die Selbständigkeit der Universitäten zu stärken scheint, etwa die eigene Dienstherreneigenschaft mit dem Recht auf Berufung, das neue Haushaltsrecht, das nicht mehr global, sondern kameralistisch geregelt ist, wird durch sogenannte Zielvereinbarungen kompensiert. Unter dem Deckmantel der Autonomie verengen sich Freiräume zusehends. Denn die Zielvereinbarungen sind nichts anderes als der wissenschaftssteuernde Einfluß des jeweiligen Landes auf seine Universitäten mit allen Folgen für das Selbstbestimmungsrecht der Fakultäten, das faktisch aufgehoben ist. Zu den ersten Opfern des Bologna-Prozesses zählt also die Freiheit der Lehre. Von diesen Wirkungen vermeintlich universitätsfreundlicher Rückzüge des Staates machte sich Humboldt 1810 noch keine Vorstellung, als er seine liberale Idee von der Wissenschaftsfreiheit festhielt: «Der Staat müsse sich eben immer bewußt bleiben, daß er ... immer hinderlich ist, sobald er sich hineinmischt, daß die Sache an sich ohne ihn unendlich besser gehen würde»,[9] allerdings gewiß nicht in Gestalt der aufsichtsratähnlichen, nach dem Vorbild von Unternehmen an wissenschafts-

fremde Vertreter des öffentlichen Lebens ausgelagerten Verant-
wortlichkeit nach Maßgabe einiger Landeshochschulgesetze (z. B.
Baden-Württemberg).

Der Fetisch der Drittmitteleinwerbung

Die Geisteswissenschaften sind vergleichsweise kostengünstig.
Doch rettet sie das nicht vor allen Begehrlichkeiten einer auf Ko-
sten-Nutzen-Effizienz ausgerichteten Hochschulfinanzierung, die
im wesentlichen den volkswirtschaftlichen Nutzen einzelner Studiengänge für das einzige Erfolgskriterium hält. Ihr geringer Mittel-
verbrauch scheint sie dem Zugriff der Kosten-Nutzen-Rechner noch
verdächtiger zu machen. Vor allem die philologischen und histo-
risch-hermeneutischen Grundlagenfächer sind dem fortwährenden
Rechtfertigungszwang ausgesetzt. Sie entziehen sich der Logik von
Drittmitteleinwerbungen, Veröffentlichungen in englischer Sprache
und vorzeigbaren Nobelpreisen. Sie werden an vielen Universitäten
häufig nur noch als Kompensationswissenschaften geduldet. Denn
von welchem Pharmakonzern sollte ein Altphilologe Drittmittel bekommen? Schlimmer noch, er braucht sie nicht einmal, weil ihm der
eigene Kopf zum Denken genügt. In einem System, das die Anzahl
der eingetriebenen Drittmittel zu einem Qualitätskriterium erhebt,
wird derjenige zum Versager, der ihrer nicht bedarf, es sei denn, er
läßt sich auf zweifelhafte interdisziplinäre Forschungsprojekte ein.

Da der Höhe der eingeworbenen Drittmittel inzwischen eine
treffendere Aussagekraft über die wissenschaftliche Qualifikation
eines Hochschullehrers zugesprochen wird als einem von ihm verfaßten «zweiten Buch» nach der Habilitation, werden die Prioritä-
ten der sogenannten Wissensgesellschaft in erschreckender Weise
sichtbar. Es sind nicht mehr Bildungsvorstellungen, die bei der Auswahl des Wissens und der Stoffe entscheiden, sondern eingebildete
und wirkliche Wettbewerbsvorteile. In der zweiten Hälfte des
zwanzigsten Jahrhunderts haben Kernphysik und Biowissenschaf-
ten das Feld besetzt. Die allgemeine Bolognisierung hat auch dafür
gesorgt, daß manche Universitäten ihren Status als Volluniversität

gefährdeten, indem sie nur noch auf diese Wissenschaftszweige setzten. Die Umschichtungen der Finanzmittel zugunsten der Lebenswissenschaften und auf Kosten der übrigen Fächer hat etwa eine so angesehene Traditionsuniversität wie die Eberhard-Karls-Universität in Tübingen erheblich ins Schlingern gebracht.

Immerhin haben die Ziele von Bologna bewirkt, daß Leistung und Qualitätssicherung an den Universitäten überhaupt in die öffentliche Aufmerksamkeit rückten. Denn die Rechenschaftspflicht der Universitäten gegenüber der Öffentlichkeit ist nur die Kehrseite der grundgesetzlich garantierten Freiheit von Forschung und Lehre. Unmittelbar nach der Einführung einer leistungsgerechten Bezahlung der Professoren hat sich jedoch gezeigt, daß die Kriterien für Leistung fehlen und es niemanden gibt, der gerade wissenschaftliche Leistung messen könnte. Es blieb deshalb bei einer allgemeinen Erbsenzählerei: Studenten, Veröffentlichungen (nur Englisch, versteht sich), Abschlüsse, Doktoranden wurden aufgelistet und bewertet. Aber ein Professor, der jeden promoviert, muß noch lange keine gute Lehrleistung, geschweige denn eine gute wissenschaftliche Leistung erbracht haben. Es ist eine Illusion, Qualität nach objektiven Kriterien beurteilen zu können. Denn auf diese Weise werden Mittelmaß und Anpassung gefördert. In dem Maße wie von Qualitätssicherung die Rede ist, wird Qualität fortwährend in Quantität aufgelöst – das gilt gleichermaßen für Schule und Universität. Denn quantifizierbare Leistung wird von der Öffentlichkeit als Erfolg wahrgenommen. Das gilt insbesondere für offene Gesellschaften, die offensichtlich auch der Gewinner und Verlierer, der Ranglisten und Leistungstabellen bedürfen.

Gefährlich wird dieses Verfahren vor allem für die kleinen Fächer, die der Logik des Massenumsatzes als Hauptkriterium für die Finanzierung der Universitäten genügen müssen. Doch sogenannte Orchideenfächer wie Byzantinistik, Ägyptologie, Assyriologie, Onomastik, Keltologie, Baltistik oder auch Teile der Islamwissenschaften, die den Reiz einer klassischen Volluniversität ausmachen und entscheidende Grundlagen für weitere Fächer erforschen, können nicht mit Masse glänzen und müssen sich schon jetzt gönnerhaft versichern lassen, man werde ihnen einen besonderen Artenschutz angedeihen lassen. Das gilt auch und gerade in Zeiten, da besondere Initiativen für die sogenannten kleinen Fächer in Gang gekommen sind. Doch wann wird der gute Wille dem Druck der Haushaltsbilanzen weichen? Nur allzu schnell werden die Forderungen nach Elite und Exzellenz dazu mißbraucht werden, unliebsame Fachrichtungen finanziell auszuhungern und dann wegen selbst herbeigeführter Leistungsunfähigkeit zu schließen. Dann wird nüchtern das Aussterben eines Faches konstatiert werden.

Daran änderte auch ein von der Bundesregierung ausgerufenes «Jahr der Geisteswissenschaften» (2007) nichts, denn es ging nicht etwa um die Leistungen der Geisteswissenschaften für die internationale Reputation Deutschlands, sondern um politisches Kalkül und eine werbewirksame Strategie des Bundesbildungsministeriums.

Es ist nicht zu bestreiten, daß sich die Qualität von Forschung und Lehre schwer messen lassen und es für jede Fakultät eigene, fachspezifische Bewertungskriterien geben müßte. Daraus jedoch die Schlußfolgerung zu ziehen, nur noch Absolventenzahlen und Geldströme zu ermitteln, erzeugt nicht nur theoretisch eine riesige Kluft zwischen Anspruch und Wirklichkeit, sondern auch ein System, das den Universitäten schadet, weil es sie wesens- und wissenschaftsfremd zu einem Unternehmen macht und dem Diktat der neuen Ökonomie (*new economy*) unterwirft. Neuberufenen Professoren wird aggressiv die Drittmittel-Akquisition diktiert, wer sich nicht darum bemüht, liegt langfristig der eigenen Fakultät auf der Tasche. Fatalerweise haben aber Wissenschaftsfunktionäre die Definitionsmacht über ihren Leistungsbegriff häufig an sogenannte Ratingagenturen übertragen – ein Ausdruck der Hilflosigkeit mit fatalen Folgen. Das zeigt sich insbesondere bei den Hochschulrankings, die trotz aller Fragwürdigkeit einen gewaltigen Einfluß ausüben, weil die Öffentlichkeit der Unübersichtlichkeit der Eliten nicht mehr auf andere Weise Herr zu werden scheint. Wer sich für die beste Hochschule für sein Fach interessiert, wird deshalb zu den populären Rankinglisten in Politmagazinen greifen.

Umstürzender als alle bisherigen Reformen

Noch keinem Ministerium und keinem Landesherrn ist es gelungen, so umstürzend in die bisherige Universitätsverfassung einzugreifen wie dem Bolognaprozeß mit seiner vermeintlichen Hochschulautonomie. Mit dieser Lehrautonomie von Hochschulen gibt es keine andere Verantwortungsinstanz mehr als die eigene Interessenvertretung – das entspricht einer Klassenherrschaft,[10] die der Kontrolle der Öffentlichkeit entzogen ist. Bis zum Jahre 2010 sollen die neuen Studiengänge eingeführt sein. Eine Parallelität der Systeme wird es nicht geben, dafür hat in manchen Ländern auch das Landeshochschulgesetz gesorgt. «Es gibt kein Zurück» oder «es gibt keine Wahl» – das sind die Redewendungen, die den Bolognaprozeß forcieren sollen. So werden Internationalisierung und Globalisierung scheinbar zu einem Ereignis, dem man nicht entgehen kann, das aber vor allem das faktische Ende der Freiheit bedeutet.

Die Bachelorstudiengänge werden als berufsqualifizierend bezeichnet, obwohl sie es nicht sind. Vorsichtshalber sprechen viele verantwortliche Politiker inzwischen schon lieber von «beschäftigungsqualifizierend», weil das weniger Erwartungen weckt. Da der sogenannte *student workload*, also die erwartete Arbeitsleistung, die künftig die Leistungsbewertung weithin ersetzt (schriftliche Seminararbeiten und Klausuren entfallen immer häufiger zugunsten mündlicher Prüfungen oder sogenannter Leistungspunkte), kehrt Marx' Arbeitswertlehre, die von den Wirtschaftswissenschaften empört beiseite gelegt wurde, ausgerechnet an den höheren Bildungseinrichtungen wieder.[11] Nach der Arbeitswertlehre wird der Wert einer Ware allein durch den Anteil an Arbeit bestimmt, den sie enthält. Im allgemeinen wird sie Karl Marx zugeschrieben, der allerdings an Vorläufer wie Adam Smith, William Petty oder David Ricardo anknüpfte. Erzeugnisse menschlicher Arbeit besitzen demnach einen Gebrauchswert und einen Preis, Warenmengen mit gleichem Wert werden gegeneinander getauscht. Daß der Marxismus inmitten einer Bildungsreform, die den Schein der Liberalität zu wahren sucht, aufersteht, ist einigermaßen absurd.

Das sogenannte «European Credit Transfer System» (ECTS) soll den Arbeitsaufwand messen, den ein Student für ein bestimmtes Lernziel braucht oder zu brauchen meint. Der Wert eines Studiums spiegelt sich also in der dafür aufgewendeten Arbeitszeit. Zu den Indikatoren erfolgreicher Lehre, Weiterbildung, Forschung und Zukunftsentwicklung werden Prüfungen und Studienabschlüsse, Studentenzahlen, die Einhaltung von Regelstudienzeiten, drittmittelfinanzierte Forschungsprojekte, der Frauenanteil unter den Hochschullehrern, Auslandsaufenthalte und Studienabschlüsse von Frauen. Es mag sein, daß solche Indikatoren immer zeitabhängig, deshalb auch willkürlich sind, aber es ist ruinös, daß sie zu den wesentlichen Kontroll- und Steuerungsinstanzen für die gesamte Zukunft einer Universität werden. Nach solchen Kriterien Institute zu schließen und ganze Forschungszweige einzustellen, verrät eine verheerende Geringschätzung von Wissen und Erkenntnis. Kein Mensch strebt zweckorientiert nach Erkenntnis, sondern neugierig, offen, forschend und lernend.

Die Exzellenzinitiative und ihre Folgen

Nachdem in den siebziger Jahren die unterfinanzierte und ihres akademischen Mittelbaus beraubte deutsche Massenuniversität ihre Attraktivität zusehends in Konkurrenz zu kleinen privaten Hochschulen mit Studiengebühren und Aufnahmeverfahren eingebüßt hatte, kehrte der alte Gegensatz zwischen Masse und Elite ausgerechnet im Bildungssystem zurück. Das Vertrauen in die Leistungsfähigkeit der Hochschulen als Orte der Elitenproduktion war geschwunden, infolgedessen auch in weite Teile der Wissenschaftseliten. Daraus auf eine unzulängliche Elitenrekrutierung an den Hochschulen zu schließen, lag nahe. Zur Rettung der Wissenschaftselite wurden deshalb hektische Aktivitäten zur Etablierung sogenannter Elitehochschulen entfacht. Neben den begehrten und von öffentlicher Hand bevorzugten Elitehochschulen wird es schon bald eine Menge von Universitäten und Hochschulen geben, die auf unabsehbare Zeit mit dem Makel der Wettbewerbsunfähigkeit gezeichnet sind. Sie machen künftig die Masse im Hochschulsystem aus. Das gilt auch für die sogenannte Exzellenz in der Lehre. Solange sie nach der Auslastung mit Studierenden und der Anzahl der Studienabschlüsse innerhalb der Regelstudienzeit bemessen wird, belohnt das System nicht Klasse, sondern Masse.

Nun hält das von der Bertelsmann-Stiftung finanzierte «Centrum für Hochschulentwicklung» (CHE) die Aufsplitterung der deutschen Hochschullandschaft in drei bis vier Universitäten mit internationalem Rang, in etwa sechzig mit international herausragenden Schwerpunkten und in eine große Gruppe (etwa dreihundert), die nur noch für die regionale «Versorgung» zuständig ist, für unabänderlich. Damit haben die deutschen Hochschulen nicht nur ihr insgesamt durchaus ansehnliches Niveau eingebüßt, vielmehr wurde Humboldts Bildungsideal in einem Handstreich verabschiedet.

Die hektischen Aktivitäten zur Schaffung der Elitehochschulen zeigen, daß neue Eliten aus dem Boden gestampft werden sollten. Daß dahinter ein technokratisch-funktionalistisches Eliteverständnis steht, ist unübersehbar. Denn die jeweiligen Elitehochschulen erhalten dieses Etikett zum einen nur für fünf Jahre und müssen danach ihre Zusatzkosten selbst finanzieren, zum andern gehört der Absolvent einer Elite-Universität nicht zur Elite, was sich bei den Grandes Écoles in Frankreich jedoch behaupten ließe. Möglicherweise hat er sein Examen an einer Fakultät abgelegt, die für den Elitestatus gar nicht maßgeblich und deshalb so durchschnittlich wie viele andere Studiengänge an Nicht-Elitehochschulen war. Vor allem aber sind Elite und Exzellenz von einer Aura umgeben, die Kritik daran von vornherein als unzulässig erscheinen läßt.

Die Initiative der Bundesregierung zur Kür staatlicher Eliteuniversitäten im Januar 2004 hat das Thema in die Aufmerksamkeit der Öffentlichkeit gerückt. Allerdings stellte sich rasch heraus, daß die politische Setzung von Elite nach den Vorstellungen der damaligen sozialdemokratischen Bildungsministerin Edelgard Bulmahn, der es nicht gelungen war, an der Hochschule Karriere zu machen, selbst unter ihren Parteikollegen im Wissenschaftsressort nicht durchzusetzen war. Die sogenannte «Exzellenzinitiative des Bundes und der Länder zur Förderung von Wissenschaft und Forschung an deutschen Hochschulen» war das Ergebnis zäher Verhandlungen zwischen Bund und Ländern. Ursprünglich war geplant, die Hochschullandschaft Deutschlands mit dem Geldsegen aus der Versteigerung der UMTS-Lizenzen in Höhe von 1,9 Milliarden Euro über vier Jahre verteilt zu verändern. Am 23. Juni 2005 wurde dann ein Kompromiß geschlossen, der auch einzelne Forschungsprojekte an kleineren Hochschulen möglich machte. Vor allem der damalige rheinland-pfälzische Wissenschaftsminister und jetzige Berliner Bildungssenator Jürgen Zöllner (SPD) sorgte gemeinsam mit seinem baden-württembergischen Kollegen Peter Frankenberg (CDU) dafür, daß Forschungsleistungen (die sogenannten Exzellenzcluster und Graduiertenkollegs) an den jeweiligen Universitäten die Voraussetzungen für deren Elitestatus bilden müßten. Die Deutsche Forschungsgemeinschaft und der Wissenschaftsrat sollten die Organisation und Begutachtung sowie Begleitung übernehmen. Im Oktober 2007 wurden die Ergebnisse der zweiten Runde des Begutachtungsverfahrens bekanntgegeben. Internationale Gutachter hatten die Qualität eingereichter Antragsskizzen für Forschungsprojekte – in englischer Sprache versteht sich – zu bewerten und ihre Förderungswürdigkeit zu beurteilen. Die endgültige Entscheidung über die Antragstellung und Förderung traf ein gemeinsames Gremium aus Deutscher Forschungsgemeinschaft und Wissenschaftsrat. Die ausgewählten Universitäten wurden dann aufgefordert, einen Vollantrag auszuarbeiten. Die für diese zweite Stufe eingereichten Anträge werden wiederum begutachtet und dann von einer Jury ausgewählt. Um möglichst viele Universitäten in den Genuß zusätzlicher Mittel kommen zu lassen, wurden in der Exzellenzinitiative drei sogenannte Förderlinien festgelegt. Die sogenannten Graduiertenschulen für den wissenschaftlichen Nachwuchs sollten strukturierte Promotionsprogramme innerhalb eines exzellenten Forschungsumfeldes und eines breiten Wissenschaftsgebietes anbieten. Etwa 40 Graduiertenschulen erhielten jeweils durchschnittlich eine Million Euro pro Jahr, insgesamt standen für diesen Bereich jährlich 40 Millionen Euro zur Verfügung. Mit sogenannten Exzellenzclustern sollten an den Universitäten international sichtbare und konkurrenzfähige Forschungs- und Ausbildungseinrichtungen etabliert werden, die mit außeruniversitären Forschungseinrichtungen, Fachhochschulen und der Wirtschaft kooperieren. Für jedes dieser etwa 30 geförderten Cluster standen pro Jahr durchschnittlich 6,5 Millionen Euro zur Verfügung, in Summe damit insgesamt 195 Millionen Euro pro Jahr. Durch die Förderung von Zukunftskonzepten zum Ausbau universitärer Spitzenforschung soll das Forschungsprofil von bis zu zehn ausgewählten Universitäten weiter gestärkt werden. Voraussetzung ist, daß eine Hochschule mindestens ein Exzellenzcluster, eine Graduiertenschule sowie eine schlüssige Gesamtstrategie zu einem weltweit anerkannten «Leuchtturm der Wissenschaft», wie es in der Werbesprache des Bundesbildungsministeriums heißt, vorweisen kann. Für die Zukunftsförderung waren insgesamt 210 Millionen Euro pro Jahr eingeplant. Der Umfang jedes Fördervorhabens soll bei durchschnittlich 21 Millionen Euro liegen.

Doch einer kleinen Anzahl von Gewinnern steht eine große Menge Verlierer gegenüber. Sie können kaum nachvollziehen, warum etwa in der ersten Runde des zweistufigen Begutachtungsverfahrens nur acht der vorher schon reicheren, aber nach Gutachterlage nicht unbedingt überragend leistungsstärkeren Hochschulen in Süddeutschland für fünf Jahre nahezu zwei Drittel der gesamten Fördersumme zugeflossen sind, während sich weitere vierzehn Einrichtungen mit dem verbleibenden Drittel zufriedenzugeben hatten.

Die Exzellenzinitiative hat durch ihre Auswahlverfahren eine wissenschaftspolitische Entscheidung getroffen, die einer Bildung von Monopolstrukturen erheblichen Vorschub leistet. Während der eigentliche Wettbewerb im föderalen Pluralismus bisher unter den Universitäten im Wettstreit um hervorragende Forscher stattfand, wird Exzellenz in Zukunft von den wenigen Elite-Institutionen monopolisiert werden, ganz unabhängig davon, was die Hochschullehrer in diesen Elite-Institutionen eigentlich leisten. Exzellente Forschung außerhalb dieser Elite-Einrichtungen wird mit dem Makel der Zweitklassigkeit leben müssen, so herausragend sie auch sein mag. Es handelt sich um eine systemgesteuerte Benachteiligung, die mit Leistung nichts mehr zu tun hat. «Die Exzellenzinitiative unterstützt Kartelle, Monopolstrukturen und Oligarchien, die den Wettbewerb einschränken und denen sich komplementär das Patriarchat in der Wissenschaft hinzugesellt.»[12] So erweist sich auch das ständige Loblied des Wettbewerbs als Etikettenschwindel. Denn die Exzellenzinitiative stärkt den Wettbewerb nicht, sondern verstärkt die Strukturen der Kartellbildung, die sich durch die Drittmittelströme schon herausgebildet haben und die internationale Wettbewerbsfähigkeit deutscher Universitäten entscheidend schwächten.

Mehr als zwei Jahrzehnte wurde das Spitzenpersonal unter den Hochschullehrern durch die Expansion der Drittmittelforschung und der außeruniversitären Forschungseinrichtungen zugunsten eines Forschungskartells konzentriert und damit der Lehre an den Universitäten entzogen. Nun bemühen sich Politiker vergeblich, die Zusammenarbeit mit außeruniversitären Forschungseinrichtungen so zu intensivieren, daß eine Integration in die Universität wieder möglich ist. Denn die außeruniversitären Forschungseinrichtungen werden ihre Privilegien um keinen Preis wieder aus der Hand geben. Statt dessen müssen nun Brückenprofessuren und andere Hilfskonstruktionen dafür dienen, die Fehler der Kartellbildung wieder auszugleichen.

Mit der Exzellenzinitiative zur Auswahl der Elitehochschulen verband sich zum einen die Erwartung der Politiker, den sogenannten «brain drain», die Auswanderung von Intellektuellen, Wissenschaftlern und Forschern in Länder mit besseren Arbeitsbedingungen, zu stoppen, zum andern die Illusion, binnen zehn Jahren mit Spitzenhochschulen wie Harvard, Stanford, Oxford oder Cambridge wetteifern zu können. Das ist angesichts des Budgets ganz ausgeschlossen. Außerdem zehren diese Universitäten von einer langen Tradition und einem starken Gefühl der Zugehörigkeit. Die dortigen Alumni setzen sich nicht nur für ihre Hochschule ein, sie

tragen auch erheblich zu deren Finanzierung bei. So bemerkenswert die Gründung sogenannter Eliteuniversitäten erscheinen
mag, so sehr ist die Exzellenzinitiative insofern einem Etikettenschwindel verpflichtet, als sie sich bevorzugt auf die als zukunfts-
und wirtschaftsträchtig erachteten Gebiete technisch-naturwissen-
schaftlicher Forschung bezieht. Es ist nicht so, daß Wettbewerbe
den europäischen Wissenschafts- und Universitätstraditionen fremd
wären, aber sie wurden bisher in der Auseinandersetzung um über-
zeugendere Theorien und begabte akademische Lehrer entschieden. Nun wird der Wettbewerb aber auf einen imaginären Markt
bezogen, der von Rankinglisten und Testergebnissen bestimmt
ist. Wissenschaft scheint zu einem gigantischen Unternehmen geworden zu sein, dem die Idee der Bildung völlig fremd ist. Doch das
Gerede von Konkurrenz, Exzellenz, Steuerung und Effizienz ver-
schleiert die technokratische Ideologie einer bildungs- und wissen-
schaftsfernen Pseudo-Elite. Unklar blieb die Frage, welche Eliten
eigentlich herangebildet werden sollen. Vielmehr schienen sich
alle Beteiligten mit der vagen Hoffnung zu begnügen, es entstünden bessere Eliten.

Es ist legitim und nötig, ausgezeichnete Leistungen in Wissenschaft und Forschung anzustreben und zu fördern, doch es geht
häufig nur vordergründig um Forschungsförderung und in Wirklichkeit um Wissenschaftsplanung, die durch Zielvereinbarungen
festgehalten wird und nicht selten nahezu totalitären Charakter
gewinnt. Unter dem Deckmantel von mehr Freiheit und «Autonomie» werden Freiräume verengt und neue Fesseln angelegt, die aus
manchem forschungswilligen Professor einen geknebelten Wissen-
schaftsmanager machen, der ständig Anträge schreibt, Gutachten
formuliert und Sponsoren zu gewinnen versucht.

Die erste Runde der Exzellenzinitiative war den Planzielen der
Wissenschaftsberater verpflichtet, die Mehrzahl der bewilligten
Exzellenzcluster stammten aus den Naturwissenschaften. Erst in
der zweiten Runde kamen einige geisteswissenschaftliche Anträge
zum Zuge, wobei in erster Linie Antragsexzellenz bewertet wurde.
Denn es galt nicht, vorhandene Forschungsleistungen zu beurtei-

len, sondern geplante Forschungsprojekte zu genehmigen oder abzulehnen.

Mit Ausnahme der Graduiertenschulen handelt es sich bei den Kriterien, die zur Auswahl der Elitehochschulen führen, um Visionen oder um Utopien. Wer in solchen Elitehochschulen erfolgreich sein will, muß anpassungsbereit sein, sich sozialen und intellektuellen Anforderungen stellen, die alles andere als wissenschaftsadäquat sind. Schrullige Gelehrte, die kauzig und bizarr leben und denken, sind in diesem System fehl am Platze. Häufig waren es aber diese Persönlichkeiten, die Wissenschaft und Forschung voranbrachten, nicht die Angepaßten.

Unter diesem Aspekt wirkt der Gedanke der Elitebildung an den Elitehochschulen geradezu grotesk. Die Zugehörigkeit zur Elite wird nicht durch hervorragende intellektuelle Leistungen und umfassend gebildete Persönlichkeit konstituiert, sondern durch die simple Tatsache, einer Elitehochschule anzugehören oder eine solche absolviert zu haben. Nur so läßt sich auch die Uniformität der englischsprachigen Anträge verstehen. Sie entspricht nicht nur dem Sprachimperialismus der Europäischen Union, sondern auch dem Verzicht auf das Individuellste, die eigene Sprache. Zugleich wird der reformatorische Impuls, das Lateinische zugunsten der Volkssprache zu verabschieden, den die Aufklärung im Sinne des *sapere aude* bekräftigt hat, außer Kraft gesetzt. Ausgerechnet wissenschaftliche Eliten werden dadurch entmündigt. Sie werden durch die diktierte Verwendung des Englischen zu angelsächsischen Denkmustern und dadurch zum Verzicht auf Originalität gezwungen. Gleichzeitig bedingt der Englischzwang die faktische Unterwerfung unter das angelsächsische Wissenschaftssystem, das sich nach eigenem Bekunden vor allem in geisteswissenschaftlichen Fächern dem europäischen bisher immer unterlegen fühlte.

Auch wenn die begründete Hoffnung besteht, daß zumindest in einigen Biotopen der Elitehochschulen noch Freiheit und Zeit bei Forschung und Lehre ermöglicht werden, sollte sich niemand über das Ende der klassischen europäischen Universität täuschen. In der Mehrzahl der Universitäten wird die klassische Bildungsidee keine

Rolle mehr spielen. Sie haben sich der Ausbildung und Berufsquali-
fikation verpflichtet und sind deshalb von den Fachhochschulen
kaum noch zu unterscheiden. So wundert es nicht, daß hinter ver-
schlossenen Türen schon über ein Promotionsrecht für Fachhochschulen nachgedacht wird.

Nachdem die Universität durch Überlastung und Unterfinan-
zierung ruiniert worden war, mußte sie nun unter dem Gütesiegel
«Elitehochschule» neu installiert werden. An den Elitehochschulen
wird es vielleicht noch möglich sein, außerhalb der Planbarkeit
Erkenntnisse zu gewinnen, an den übrigen Hochschulen wird es um
die verschulte Vermittlung von Wissen gehen, das nach seiner Ver-
wertbarkeit beurteilt wird. Da Wissen hier wie käufliches Material
behandelt wird, ist viel von Wissenschaftsmanagement, dafür um
so weniger von Erkenntnis, Bildung oder gar von Wahrheit die
Rede. Ironischerweise wird die Einrichtung von Elitehochschulen
und Exzellenzzentren deshalb nicht für mehr Bildung sorgen, sondern geradezu rückwärtsgewandt dazu dienen, daß anspruchsvolle
Bildung nur noch denen zur Verfügung steht, die sich eine solche
leisten können. So hat die Beschwörung des Bildungsnotstands das
Gegenteil von dem erreicht, was sie beabsichtigte. Der großen
Mehrheit wird vorenthalten, was zweckfreie Erkenntnis und Bildung ermöglichen: die selbstreflexive Distanz eines mündigen Individuums und damit die Voraussetzung der Elitezugehörigkeit
überhaupt.

Die Exzellenzinitiative beseitigt eine der grundlegenden Voraussetzungen der Elitebildung: die prinzipiell gleichen Wettbewerbs-
möglichkeiten für alle Universitäten um ihre Forscher. Sie bringt
Forscher nicht nur um ihre individuellen sprachlichen Ausdrucks-
möglichkeiten, sie enteignet sie ihrer Exzellenz, um die zugespro-
chene Exzellenz auf Institutionen zu übertragen. Elite-Institutionen leben von der Exzellenz der dort lehrenden Forscher. Doch das
moderne Wissenschaftssystem scheint nur eine wirkliche Gefahr
zu kennen: den unabhängig forschenden Geist, der sich Vorstellungen von planbarer und kontrollierter Wissenschaft entzieht.

Jenes Wissenschaftsethos, das Max Weber eindrücklich beschrie-

ben hat, wird vermutlich nur noch in wenigen Oasen zu finden
sein: «Eine wirklich endgültige und tüchtige Leistung ist heute
stets: eine spezialistische Leistung. Und wer also nicht die Fähigkeit
besitzt, sich einmal sozusagen Scheuklappen anzuziehen und sich
hineinzusteigern in die Vorstellung, daß das Schicksal seiner Seele
davon abhängt: ob er diese, gerade diese Konjektur an dieser Stelle
dieser Handschrift richtig macht, der bleibe der Wissenschaft nur
ja fern».[13] Ein solches Wissenschaftsverständnis, das sich im brennenden Interesse an den Fragen des eigenen Faches äußert, vermag
das Feuer der individuellen Begabung allererst zu entfachen.

Deshalb dürfen Hochschulen auch nicht zu Kompensatoren
schulischer Defizite und zu reinen Ausbildungsinstitutionen werden. Universitäten waren immer Orte der Elitebildung und sie sind
es noch, allerdings nicht mehr ausschließlich. Wenn die Bologna-
Reform den positiven Impuls freisetzen könnte, daß Professoren
sich in der Pflicht sehen, ihr Privileg der Forschungsfreiheit mit
angemessenen Leistungen zu rechtfertigen, und passende fachspezifische Bewertungssysteme für Forschung und Lehre entwickelten, wäre viel gewonnen. Viele Hochschulprofessoren haben sich
allzu willfährig in Kommissionen zur Entwicklung von Studienein-
heiten, Modulen genannt, zu verschultem Häppchenwissen hin-
reißen lassen und sich dabei selbst ihrer Freiräume für forschende
Lehre beraubt. Sie enden dann als hoch bezahlte Oberlehrer und
resignieren. Die Professoren müssen selbst dafür kämpfen, daß die
Forschung nicht aus der Universität ausgelagert wird und Humboldts vielerorts schon zerstörte Einheit von Forschung und Lehre
zum Normalfall deutscher Hochschulen wird.

Die Studienstiftung als Beispiel für
deutsche Begabtenförderung

Die historisch bedingten deutschen Schwierigkeiten mit dem
Elitebegriff zeigen sich an kaum einer Einrichtung so deutlich wie
an der Studienstiftung des deutschen Volkes. Es handelt sich um
eine organisatorisch und in der Auswahl der Kriterien völlig unab-

hängige und selbständige Einrichtung, die aber ganz überwiegend aus Steuergeldern unterhalten wird und im Namen des Volkes Hochbegabtenförderung betreibt. Der Elitebegriff wird sorgsam gemieden, sogar abgelehnt. Die Studienstiftung spricht in ihren Selbstdarstellungen statt dessen von hoher Begabung und der damit verbundenen Verpflichtung für das Gemeinwohl. «Begabung besteht nach Auffassung der Studienstiftung nicht in einem ‹Eigenschaftskatalog› oder allein in der Fähigkeit, logisch, analytisch, strukturierend, systematisch oder deduktiv zu denken. Begabung besteht vor allem im ‹brennenden Interesse› an einer Sache und kann daher sehr unterschiedliche Ausprägungen annehmen.»[14] Es ist frappierend, wie sehr sich die programmatischen Äußerungen der Studienstiftung aus den zwanziger und den achtziger Jahren ähneln. Offenkundig geht es in der Geschichte der Studienstiftung gerade nicht um eine Elitentraditionsbildung, sondern um die Entwicklung der Auswahlkriterien. Ihre Geschichte läßt sich geradezu als Geschichte der Auswahlverfahren kennzeichnen, die alle Schwierigkeiten mit der Hochbegabtenförderung widerspiegelt. Wie sollten die Bewerber realistisch einschätzen, ob sie wirklich zu den außergewöhnlich Begabten zählen? Wie verhielten sich Individualität und soziales Verhalten zueinander? Es gab schon unter den ersten Studienstiftungsstipendiaten einige, die zwar zu bemerkenswerten Leistungen im abstrakt-analytischen Denken, nicht aber zu einem menschlich-sensiblen, empathischen Umgang fähig waren. Bis heute thematisieren die Stipendiaten immer wieder ihre eigene Begabung in Abgrenzung zu den übrigen Studenten. Hervorgegangen ist die Stiftung aus der studentischen Selbsthilfeorganisation «Wirtschaftshilfe der Deutschen Studentenschaft e.V.» in Tübingen, deren Vorstand im Jahre 1925 die Gründung der «Studienstiftung des Deutschen Volkes» als Abteilung der Wirtschaftshilfe beschloß. 1929 folgte die Umbenennung der Wirtschaftshilfe in «Deutsches Studentenwerk», 1934 wurden beide Institutionen abgewickelt. An ihre Stelle war die «Reichsförderung» als Abteilung des neu gegründeten Reichsstudentenwerks getreten. Die gelegentliche Rede von der Auflösung der Studienstiftung im Dritten

Reich trifft nur einen Teil der Wahrheit. In Wirklichkeit wurde die Begabtenförderung gleichgeschaltet, war seit April 1933 zur alleinigen Gesamtvertretung der arischen Studenten geworden und wurde mit der Gründung des «Reichs-Studentenwerks» aufgelöst. «Das Reichs-Studentenwerk hat die Aufgabe, jeder volksdeutschen Begabung ohne Rücksicht auf Herkommen und wirtschaftliche Kraft den Zugang zur deutschen Hochschule zu ermöglichen. Sein Ziel ist die Auslese der Tüchtigsten im Sinne nationalsozialistischer Forderungen»,[15] hieß es in einem beschämenden Text.

Während die Studienstiftung in ihrer Gründungsphase die soziale Bedürftigkeit zu den drei wichtigsten Aufnahmekriterien zählte, verzichtete die nach Ende des Krieges wieder gegründete Stiftung darauf und konzentrierte sich auf eine individualisierte Förderung – die Erfahrungen ihrer eigenen Geschichte hatten ihr diese Entscheidung erleichtert.[16] Die Neugründung der Studienstiftung im Jahre 1948 als «Studienstiftung des deutschen Volkes» sollte das mehrfache Versagen einzelner in verschiedenen elitären Milieus in der Weimarer Republik und im Nationalsozialismus angemessen berücksichtigen und deshalb nur noch formal Ähnlichkeiten mit der alten Institution aufweisen. Sie ist weltanschaulich neutral und betreibt ausschließlich Auswahl und Förderung. Bewußt achteten die Gründungsväter der Nachkriegs-Studienstiftung darauf, demokratische und zugleich deutsch-europäische Bürger heranzubilden. Um jeglichen Verdacht des Völkischen von vornherein auszuschließen, hatten sie aus der «Studienstiftung des Deutschen Volkes» die «Studienstiftung des deutschen Volkes» mit kleinem *d* gemacht.[17] Begabung und Persönlichkeit waren nach der Neugründung die beiden entscheidenden Kriterien für die Aufnahme. Die Bedürftigkeit als soziales Kriterium spielte keine Rolle mehr, zumal 1948 jeder Deutsche als bedürftig gelten mußte. Immer wieder stellte sich in den folgenden Jahren allerdings die Frage, ob das Phänomen der Hochbegabung sich tatsächlich vom sozialen Hintergrund isolieren läßt. Das gilt um so mehr, als eine empirische Untersuchung[18] zur Herkunft der Begabten feststellte, daß die Stipendiaten der Studienstiftung seit Mitte der achtziger Jahre zu über siebzig Prozent aus wohlhabenden und überwiegend auch aus Akademiker-Elternhäusern stammen. Angesichts des in den Pisa-Studien bestätigten engen Zusammenhangs zwischen Bildungserfolg und sozialer Herkunft ist dieser Befund zwar nicht erstaunlich, legt aber die Frage nach der Elitenbildung durch Zugehörigkeit zu einer bestimmten Schicht nahe. Zwar fordert das Auswahlverfahren herausragende Leistungen, pflegt aber die «weichen Faktoren» der Persönlichkeit als Reproduktion des eigenen Typus, als Selbstrekrutierung des arrivierten Bildungsbürgertums.

Vor allem in den nivellierten siebziger Jahren mit ihrer ausgeprägten Eliten- und Leistungsfeindlichkeit brauchte die Studienstiftung ein starkes Rückgrat, um an ihren beiden Hauptkriterien Begabung und Persönlichkeit festzuhalten. Besonders deutlich zeigt sich die Aversion der Studienstiftung gegen den Elitebegriff in einem programmatischen Text aus dem Jahre 1984.[19] Darin wird dem Elitebegriff eine «unbegrenzte Schonzeit» gewünscht. Begabungen und damit Eliten ließen sich nicht züchten oder bilden, wohl aber könnten sie wachsen, müßten gesucht und gefunden werden. Ausdrücklich wird an Pareto erinnert, der zum Lehrer Mussolinis wurde und nicht wenig Anteil daran hatte, daß der Elitebegriff im faschistischen Staat zu einem der meistmißbrauchten Begriffe wurde. Das Wort meidet die Studienstiftung auch mehr als zwanzig Jahre später, auf die Idee jedoch glaubt sie nicht verzichten zu können. So hat sich die Stiftung auf die Trias von Leistung, Initiative und Verantwortung als entscheidende Aufnahmekriterien verständigt. Gemeint ist damit die Energie, Niederlagen einzustekken und ein selbstgesetztes Ziel zäh zu verfolgen, der Mut, das als richtig Erkannte durchzuhalten und gegen den Hohn der Umwelt durchzusetzen, die Sensibilität, Wirklichkeit vielgestaltig zu erleben und Wesentliches von Unwesentlichem, aber auch Machbares von Illusionärem zu trennen. Hinzu kommen sollen die Bereitschaft, sich neben intellektuellen Erfahrungen bewußt auch sozialen, ästhetischen, emotionalen, physischen und menschlichen Erfahrungen auszusetzen und in Erfolg und Mißerfolg zu wachsen, die Fähigkeit, die Wertvorstellungen anderer vorurteilsfrei zu prüfen, sowie die Einsicht in die Grenzen menschlichen Wollens.[20] Askese und Bescheidenheit, Zivilcourage und Überzeugungsfähigkeit sind die wichtigsten Faktoren.

Inzwischen ist die Studienstiftung mit mehr als siebentausend Stipendiaten (davon gut siebenhundert Doktoranden) Deutschlands größtes Begabtenförderungswerk. Im Gegensatz zu den anderen zehn Förderwerken in der Arbeitsgemeinschaft der elf Begabtenförderungswerke, der auch das katholische Cusanuswerk und die evangelische Studienförderung Villigst angehören, versteht sich die Studienstiftung als politisch, konfessionell und weltanschaulich neutral. In der Regel werden die Stipendiaten vorgeschlagen. Von erfolgreichen Kandidaten wird erwartet, daß sie sich durch Leistung, Initiative und Verantwortungsbewußtsein auszeichnen. Studenten müssen ausgezeichnete Kenntnisse in ihrem Studienfach nachweisen. Das allein genügt nicht, sondern der Blick über den Tellerrand ist entscheidend – sie müssen Aktivitäten außerhalb des eigenen Studiengebiets zeigen. Die Stiftung fördert Studenten mit deutscher Staatsbürgerschaft an Universitäten, Fachhochschulen, Kunst- und Musikhochschulen in Deutschland. Studenten mit deutscher Staatsbürgerschaft, die ihr gesamtes Studium an einer Hochschule im Ausland absolvieren wollen, können neben dem monatlichen Büchergeld auch ein Lebenshaltungsstipendium bekommen. Studenten aus Mitgliedsstaaten der EU können Stipendiaten werden, sofern sie vorwiegend in Deutschland studieren und ihr Studium auch in Deutschland abschließen. Andere ausländische Studenten können gefördert werden, wenn sie die deutsche Hochschulzugangsberechtigung erworben haben, ihre Eltern in Deutschland steuerpflichtig sind und sie an einer deutschen Hochschule studieren. Bewerber dürfen zum Zeitpunkt der Bewerbung nicht älter als dreißig Jahre sein. Finanziell wird die Studienstiftung vom Bund, den Ländern und Kommunen, einer Vielzahl von Stiftungen und Unternehmen sowie mehr als sechstausend privaten Spendern getragen.

Seit 1990 versucht die Studienstiftung, die Hochbegabten-Auswahl zu professionalisieren, meidet jedoch nach wie vor den Elitebegriff. Der amtierende Generalsekretär der Studienstiftung, Gerhard Teufel, berichtet von seinem gescheiterten Versuch, die Vorbereitung für Studienstiftler jeweils eine Woche vor Semesterbeginn für vier Semester als «virtuelle Eliteuniversität» zu bezeichnen. Der Vorstand, der vom Hirnforscher Gerhard Roth geleitet wird, unterstützte Teufel bei seinem Projekt, wollte den Elitebegriff jedoch nicht akzeptieren. Nun heißt die Studienvorbereitung schlicht «wissenschaftliches Kolleg». Um den geförderten Studenten nicht den Eindruck zu vermitteln, sie gehörten durch ihre bloße Aufnahme in die Studienstiftung zur Elite, meidet die Studienstiftung bis heute den Begriff. Zugleich muß der Generalsekretär einräumen, daß sich der Elitebegriff wesentlich größerer öffentlicher Aufmerksamkeit sicher sein kann als die Rede von der Begabtenförderung, die ihm selbst verstaubt vorkommt. Weshalb sie den Elitebegriff dann nicht wesentlich offensiver benutzt, ihm sogar eine eigene Deutung abgewinnt, ist nicht nachzuvollziehen. Eine Hochbegabtenförderung, die in Zeiten, da alle Welt von Eliten spricht, noch immer nicht unbefangen damit umgehen kann, wirkt so politisch korrekt und übermäßig angepaßt, daß sie Zweifel an ihrer Fähigkeit, Eliten zu fördern, nährt.

Das Evangelische Studienwerk Villigst

Es überrascht nicht, daß das Evangelische Studienwerk Villigst als protestantische Einrichtung den Elitebegriff in seiner Selbstdarstellung peinlich vermeidet. In seinem Leitbild steht nicht einmal der talentierte Stipendiat an erster Stelle, sondern eine klare politische Ausrichtung. Beim Studienwerk Villigst, einem eingetragenen und als gemeinnützig anerkannten Verein, der von den evangelischen Landeskirchen getragen wird, geht es nach eigener Aussage darum, den Stipendiaten zum demokratischen Handeln in einer offenen pluralistischen Gesellschaft zu befähigen. Die Stipendien werden vom Bundesministerium für Bildung und Forschung finanziert, da Villigst Mitglied der Arbeitsgemeinschaft der elf Begabtenförderungswerke des Bundesministeriums für Bildung und For-

schung ist. Gefördert werden 800 begabte Studenten und Doktoranden aller Fachrichtungen, auch aus anderen Ländern Europas,
bevorzugt aus Osteuropa. Durch die besondere Begleitung in
Studium und Forschung werde ein hoher fachspezifischer Wissens-
stand ermöglicht, in der Gemeinschaft der Geförderten entstünden
darüber hinaus interdisziplinäre Gesprächs- und Arbeitszusammen-
hänge, die umfassendes und aktuelles Orientierungswissen begründeten. Sowohl auf Praxis- als auch Auslandserfahrungen wird
besonderer Wert gelegt. Zwar setzt die Förderung nach eigener
Aussage von Villigst bei der Individualförderung an, doch scheint
die Eingliederung in Gemeinschaft, in Einrichtungen, Verbände
und Institutionen letzten Endes wichtiger zu sein. Darin spiegelt
sich das gebrochene Verhältnis des gegenwärtigen Protestantismus
zum Individuum und seiner Freiheit. Nicht selten neigen Protestanten dazu, das Ideal der Gemeinschaft gegen das Schreckge-
spenst eines hedonistischen egoistischen Einzelgängers auszu-
spielen.

Das Leitbild des Studienwerks Villigst erweckt den Eindruck,
daß hier eine Begabtenförderung angestrengt aus den Fehlern der
eigenen Geschichte zu lernen versucht. «Wegen des Versagens gerade auch der evangelisch geprägten Intelligenz vor und während
des Nationalsozialismus und des Zweiten Weltkriegs wurde das
Evangelische Studienwerk gegründet», heißt es dort, und im selben
Atemzug wird die Erziehung zum Widerspruchsgeist bekräftigt.
Gleichzeitig soll das Studienwerk der besonderen Bildungsverant-
wortung der evangelischen Kirche gerecht werden. Von den reformatorischen Errungenschaften der Bildungsvorstellung ist darin
allerdings wenig zu spüren. Villigst will den Stipendiaten nach eigener Aussage einen Raum bieten, in dem sie den Zusammenhang
von christlichem Glauben, Begabung, Beruf und Verantwortung
als persönliche Aufgabe erfahren.

Das Cusanuswerk

Die katholische Studienförderung Cusanuswerk ist weniger skrupulös als die Studienstiftung oder das Studienwerk Villigst, wenn es darum geht, sich auf Elitenbildung zu berufen. Dabei denkt das Cusanuswerk vor allem an «Verantwortungseliten, die demokratische Partizipation – das heißt auch Kontrolle der Eliten durch die Menschen, für die sie Verantwortung tragen – als Chance und Voraussetzung ihres Entscheidens und Handelns sehen.»[21] Mit abwägender Intelligenz und durch demokratische Kontrolle sollen diese Eliten dem Staat, der Wirtschaft und der Gesellschaft im Sinne der Humanität dienen. Einem Positionspapier, an dem auch die Studienstiftung in der Schlußphase beteiligt war, ist die apologetische Tendenz vor allem bei der Reflexion des Elitebegriffs anzumerken. Die jungen Eliten, so heißt es, sollten nicht etwa eine sich den weniger Begabten und Begünstigten verschließende Machtelite bilden, sondern selbst Teil einer Elitenpluralität sein. Allerdings müssen sich diese Eliten trotz unterschiedlicher politischer, wirtschaftlicher und sozialer Interessen dem gesellschaftlichen Ganzen verpflichten. «Die Handlungen und Entscheidungen von Eliten sind schließlich erst dann zukunftsoffen, wenn deren Angehörige ihren Blick schärfen für gesellschaftliche Veränderungen», heißt es in dem Positionspapier.[22]

Der relativ unbefangene Umgang mit dem Elitebegriff in diesem Positionspapier ist weniger der Mitwirkung der wichtigsten der elf Begabtenförderungswerke (darunter auch die Studienstiftung und Villigst) zu verdanken, sondern vor allem der Enttabuisierung des Elitebegriffs in den neunziger Jahren. Eine zusätzliche Schwierigkeit der kirchlichen Begabtenförderung ist die moralische Problematisierung der eigenen Begabung. Vor allem in katholischen Kreisen ist von der klassisch pelagianischen Versuchung der Selbsterlösung durch Leistung die Rede. So richtig der Hinweis auf eine falsche Abhängigkeit des eigenen Selbstwertgefühls von der Leistung sein mag, so unlauter ist es, zu verleugnen, daß Begabtenförderungswerke der Kirchen natürlich auch der Rekrutierung der eigenen Eliten dienen. Das gilt für die katholische Kirche in wesentlich stärkerem Maße als für die evangelische, die selten durch vorausschauende Personalpolitik aufgefallen ist. Jedenfalls wirkt die «seelsorgerliche» Verbrämung der Hochbegabtenförderung als Einrichtung für spezifische Biographieprobleme junger begabter Christen nicht gerade glaubhaft. Vielmehr erscheinen die Verweise auf die Konfrontation der Stipendiaten mit ihrer Begabung wie die theologische – oder auch nur moralische – Variante von Adornos Diktum: «Elite mag man in Gottes Namen sein; niemals darf man als solche sich fühlen.»[23]

5. Eliten im Zeichen der Grande Nation

Humboldts Ideal der Einheit von Forschung und Lehre spielt in Frankreichs Hochschulsystem bis heute keine Rolle. Zwar erwogen auch die Franzosen phasenweise eine Reform des Hochschulwesens, doch mit einer von Humboldt geprägten Bildungsidee und Universität war ihr Schulsystem nicht in Einklang zu bringen. Während das deutsche Schulsystem in reformatorisch-humanistischer Tradition steht, beherrscht das vom scholastischen Denken Thomas von Aquins beeinflußte jesuitische Erziehungs- und Unterrichtsideal bis heute das französische Schul- und Hochschulwesen.

Im siebzehnten und achtzehnten Jahrhundert waren in Frankreich viele Jesuitenkollegs gegründet worden, die auf die Anfänge der Gegenreformation und die 1599 erlassene *Ratio atque institutio studiorum* zurückgehen.[1] Die Jesuiten waren ausgezeichnet ausgebildet, scharfsinnig, geschickt darin, die Grundeinsichten der Gegenreformation im Schulwesen zu stärken. Nietzsche hat den Punkt getroffen als er sagte: «Die ganze höhere Geistigkeit in Frankreich ist katholisch im Instinkt.»[2] Ihr Aufstieg vollzog sich mit der zunehmenden Zentralisierung Frankreichs bis zu den Anfängen des Absolutismus unter Ludwig XIV. Französische Sprache und Literatur wurden in Europa zum höfischen Ideal einer Ausdrucks- und Lebensweise. Trotz der Aufklärung blieb die jesuitische Tradition in Frankreich bis heute lebendig.

Zuletzt haben die Professoren des Collège de France im Jahre 1985 Reformvorschläge ausgearbeitet, die Schulen und Hochschulen mehr Selbständigkeit, dem humanistischen Bildungsideal mehr Raum geben sollten. Die Professoren beriefen sich ausdrücklich auf die humanistisch beeinflußten Denker im sechzehnten Jahrhundert wie Rabelais und Montaigne, der in seinen Essays *De l'institution des enfants* und *Du pédantisme* vehement gegen die übliche Trichterpädagogik polemisiert hatte.

Vollzieht sich nach humanistisch-reformatorischer Tradition individuelle Entwicklung als wechselseitiger Prozeß von Bildung und Selbstbildung («bilden» ist ein reflexives Verb), will die jesuitische Schule erziehen, sie will disziplinieren. Hinter den Schulmauern sollten die Kinder im geschützten (klösterlichen) Raum aufwachsen und eine perfekte Organisation gesellschaftlichen Lebens erfahren. Der einzelne ging völlig in der Gruppe auf, jeder wurde durch jeden überwacht, und es herrschte eine strenge Disziplin. Dieser Erziehungsprozeß besitzt keinen dialogischen Charakter wie in der humanistischen Bildung, bei der sowohl Erzieher als auch Schüler sich verändern, sondern die Lehrer sind die «Allwissenden». Sie werden nicht zufällig in einigen Traditionsgymnasien bis heute *maîtres* (Meister) genannt, die ihre Schüler auf ein bestimmtes intellektuelles und gesellschaftliches Niveau bringen sollen. Die Zöglinge stehen untereinander in einem Konkurrenzverhältnis und sollen sich gegenseitig überbieten; wobei das Prinzip der *aemulatio* (*émulation*) aus den antiken Dichterwettbewerben eine entscheidende Rolle spielt.

Die Schüler sollten auf eine bestimmte Rolle in der französischen Gesellschaft vorbereitet werden, die vor allem Adel und Bürgertum repräsentierten. Es ging darum, die Zöglinge dem Ideal des *honnête homme* anzunähern, der sich als Generalist gewandt in der Gesellschaft bewegen konnte. Spezialisierte Fachwissenschaftler waren nicht gefragt, sondern geradezu verschrien. Nicht zufällig wurde der *honnête homme* im siebzehnten und achtzehnten Jahrhundert bewußt vom *pédant*, also vom notorischen Besserwisser, abgegrenzt. Sich jahrelang in ein bestimmtes Thema zu vertiefen und sich daran regelrecht abzuarbeiten, wurde mit einer Mischung aus Mitleid und Hohn betrachtet.

Wer sich gewandt in der Gesellschaft bewegen wollte, mußte durch sprachliche und rhetorische Brillanz überzeugen und mit großer Selbstverständlichkeit ein breites allgemeines Wissen vorweisen können. Der virtuose Umgang mit Formen in jeder Hinsicht, auch mit rhetorischen Formen, die sich in der cartesischen Klarheit, im logischen Denken und Reden spiegelten, wird für selbstverständlich gehalten. *Tout ce qui n'est pas clair, n'est pas français* (Was nicht klar ist, ist auch nicht französisch) hatte einer der renommiertesten Sprachphilosophen 1784 in seiner Apologie der französischen Sprache und des nationalen Genies programmatisch geäußert.[3] Eine systematische, klar gegliederte mündliche wie schriftliche Darlegung, die den Grundprinzipien der antiken Rhetorik verpflichtet bleibt, gehört bis heute zu den Zielen der französischen Schulbildung. Eine individuelle Durchdringung, Aneignung, ein Problembewußtsein oder gar kritisches Hinterfragen des Gelernten waren weder in der Schule noch in der Gesellschaft erwünscht. Diese entscheidenden Unterschiede im Denken spiegeln sich im unterschiedlichen Verständnis des Geniebegriffs. Während *génie* im Französischen Kunstfertigkeit, gelungene Anwendung von Methoden und Regeln meinte und erst später als Fähigkeit und Begabung, Außergewöhnliches zu leisten, betrachtet wurde, bezieht sich die deutsche Vorstellung des Genies auf das Wesen weniger Ausnahmeerscheinungen, die geradezu titanisch Neues, radikal Individuelles, häufig Anarchisch-Regelwidriges schufen.

Als in der Zeit Napoleons das staatliche Gymnasium (Lycée) das Jesuitenkolleg ersetzte, wurden Disziplin und Formalismus als Grundprinzipien beibehalten, zumal die Grundbildung (etwa von der Grundschule bis zum zehnten Schuljahr) zunächst in kirchlichen Händen verblieb und weiterhin nach jesuitischem Geist gelehrt und gelernt wurde. Verstaatlicht und zentralisiert wurde das Schulwesen erst in der Dritten Republik, als die Schulgesetze 1881/82 die allgemeine Schulpflicht auch für die Mädchen einführten. Von der Vorschule (École Maternelle) bis zu den Eliteeinrichtungen (Grandes Écoles) spielen Sprachbeherrschung, wirkungsvolles Argumentieren und eine kultivierte Hochsprache ohne regionale Dialektfärbungen auch im gegenwärtigen Frankreich eine Schlüsselrolle. Das gilt selbst für den Unterricht in Mathematik und in den Naturwissenschaften, wo logisch-abstraktes Denken und präzises Formulieren ebenso geübt werden wie im Französischunterricht. Während deutsche Gymnasiallehrer ihre Schüler vor allem in den Leistungskursen der Oberstufe die Möglichkeit zu forschendem Lernen geben und zu wissenschaftspropädeutischem Arbeiten ermutigen, ist das im französischen Lycée ganz undenkbar, denn an der französischen Universität wird nicht geforscht.

Die Forschung vollzieht sich nahezu ausschließlich an Europas größter Forschungseinrichtung, dem Centre National de Recherche Scientifique (CNRS), einer zentral gelenkten, von Universitäten und den Eliteeinrichtungen völlig unabhängigen Institution. Das französische System unterschied von Anfang an Forschung, Eliteausbildung und universitäre Breitenausbildung. Für die Eliteausbildung bedeutet das, daß auch sie sich fernab von der Forschung vollzieht. Dort geht es eher darum, die einzigartige Verbindung intellektueller und ethischer Tugenden einzuüben und dabei seine Persönlichkeit zu entwickeln, die jene republikanischen Grundlagen des französischen Staates bejaht, die bis heute selbst in den Vorschulen wirksam sind.

Auch die französischen Universitäten vermitteln bereits bestehendes Wissen – waren also schon vor der Bologna-Reform wesentlich verschulter. Zugangsbeschränkungen gibt es nicht, so daß nahezu die Hälfte der Studenten nicht einmal die Zwischenprüfung erreicht. Da keine dualen Ausbildungswege zur Verfügung stehen, beginnen die meisten der ohnehin überdurchschnittlich großen Abiturientengruppe ein Studium. Der Zugang zu den Eliteeinrichtungen, den Grandes Écoles, dagegen unterliegt einer strengen Auswahl. Hier wirken weder Bildungsexpansion noch Abwertung des Abiturs. Die exklusivsten Bildungstitel des Landes beruhen auf einer enormen Selektivität. Im neunzehnten und zwanzigsten Jahrhundert herrschte noch ein Gleichgewicht zwischen Grandes Écoles und Universitäten; davon kann längst keine Rede mehr sein.

Harte Auswahlverfahren

Im Unterschied zu den pluralistischen Eliten in Deutschland wirkt Frankreichs Elite bis heute bemerkenswert homogen und meritokratisch. Das liegt eindeutig an der Art der Eliterekrutierung. Wer

in Frankreich die beinharten Auswahlverfahren für eine der Kaderschmieden bestanden hat, muß nicht mehr um seine Karriere
fürchten. Wer es gar schafft, zur «Elite der Elite» zu gehören, also
unter den zehn besten beim Abschlußwettbewerb, der *promotion*,
zu sein, dem stehen nicht nur die begehrtesten Stellen in Staat und
Wirtschaft offen, er kann sich auch auf ein tragfähiges Beziehungs-
geflecht ehemaliger Absolventen verlassen, die sich in beruflichen
wie privaten Belangen gegenseitig unterstützen. Zu den Erken-
nungszeichen eines Jahrgangs zählt der Name, den er sich kurz vor
seinem Abschluß gegeben hat. Auf diese Weise finden sich die Ehemaligen bei ihren späteren Kontakten in den Machtpalästen leicht
durch ihr Codewort (Voltaire, Stendhal, Mendès-France oder im
Jahre 2006 Willy Brandt).

Institutionalisierte Elitebildung in einer Republik, die das Gleich-
heitsprinzip (*égalité*) seit 1789 zu ihren Grundprinzipien zählt, mu-
tet geradezu paradox an. Doch das gesamte französische Bildungswesen ist einem republikanisch-elitären Ideal verpflichtet, das die
Gleichheit aller vor dem Gesetz, die *égalité des droits*, mit den Rechten verbindet, die der Intelligenz zustehen, mit den *droits de
l'intelligence*.

Die meisten Franzosen akzeptieren das elitäre Rekrutierungs-
system deshalb nur aufgrund seiner prinzipiellen Offenheit für alle
Abiturienten. Der Concours (Wettbewerb) soll theoretisch zwischen dem unversöhnlich erscheinenden Gegensatz von Egalitaris-
mus und Elitismus versöhnen. Zentrale und anonyme Auswahl
sollen das Prinzip der Chancengleichheit wahren. Der klassische
Weg in eine der Kaderschmieden und damit die Vorbereitung auf
den Concours beginnt in der Vorbereitungsklasse des Gymnasiums. Doch in Wirklichkeit beginnt die Selektion schon bei der
Auswahl des Gymnasiums. Trotz allen Gleichheitsstrebens wissen
die französischen Schüler von Anfang an, daß die Aufnahme in
eine Vorbereitungsklasse ganz entscheidend davon abhängt, an
welchem Gymnasium man war. Wer das Glück hat, eines der fünf
Pariser Edel-Gymnasien in der Nähe des Pantheons besucht zu haben, hat größere Chancen, in die Vorbereitungsklasse zu kommen

und die Prüfung auch zu bestehen. Wer sein Abitur auf einem berufsorientierten oder technischen Gymnasium (Lycée professionel oder Lycée technique) abgelegt hat, wird keinen Zugang zu einer Elitehochschule finden. Die besten Aussichten haben die Absolventen des Lycée général, die also ein allgemeinbildendes Abitur ablegen. Während früher auch in Frankreich der Königsweg in einem humanistischen Gymnasium lag, genießen inzwischen die naturwissenschaftlichen Abiturienten, die Absolventen des *baccalauréat scientifique*, das höchste Ansehen.

Da Ranglisten nicht gefürchtet, sondern erwünscht sind, wird jedes Jahr eine Liste mit den hundert besten Lycées veröffentlicht. Durch die sogenannte *carte scolaire* (Einzugsgebiet bestimmter Schulen je nach Wohnort) ist es nicht möglich, das Gymnasium frei zu wählen, vielmehr werden die Schüler zugeteilt. Die Möglichkeiten, diesem Zuordnungssystem zu entkommen, reichen von fingierten Umzügen bis zur Wahl eines Spezialgymnasiums – etwa mit *sections européennes*, wo ein Teil des Unterrichts in einer Fremdsprache erteilt wird. In allen Gymnasien achten die Lehrer darauf, daß die besten Schüler von der zehnten Klasse an in ein gutes Gymnasium wechseln, weil dort die Chancen erheblich größer sind, in die Vorbereitungsklasse zu gelangen.

In diesen Vorbereitungsklassen werden zwei Jahre schulische Allgemeinbildung nach dem Abitur vermittelt, daher setzen sich die drei Zweige des Gymnasiums auch im System der Vorbereitungsklassen fort: Es gibt die wirtschaftswissenschaftlich orientierten, die geisteswissenschaftlichen und die naturwissenschaftlichen. Einige werden in Gymnasien unterrichtet, andere in den Grandes Écoles selbst.

Für die Geisteswissenschaften beginnt der Dauerlauf für den Concours in den auch Hypokhâgnes (erstes Jahr) genannten Klassen, um dann in den Khâgnes (zweites Jahr) fortgesetzt zu werden. Das Wort *câgneux* heißt eigentlich x-beinig und wurde in der zweiten Hälfte des neunzehnten Jahrhunderts als Spottbegriff für die Professoren, Repetitoren und Schüler der École Normale verwendet, die ständig ihre Bücher zwischen die Knie klemmten. Die natur-

wissenschaftlichen Vorbereitungsklassen, die es schon im achtzehnten Jahrhundert gab, nennen sich Taupes, also eigentlich Maul-
würfe, weil sie das Tageslicht selten zu sehen bekommen, da sie
hinter ihren Büchern und Heften sitzen.

Zunehmend wird auch in Frankreich über einen demokratische-
ren Zugang zu den Vorbereitungsklassen gestritten oder gar ihre
Abschaffung gefordert. Jedenfalls fühlen sich die Franzosen ihrem
republikanischen Prinzip der Gleichheit, das auch das Recht auf
gleiche Bildung für alle umfaßt, so verpflichtet, daß sie um jeden
Preis die Basis für die Vorbereitungsklassen verbreitern wollen. Sie
wollen vor allem eine stärkere Durchmischung der sozialen Milieus erreichen, was allein durch Schritte zur Integration nicht zu
leisten ist. Vor allem die Schüler in den sozial schwächeren Voror-
ten, wo seit 1981 die *Zones d'Éducation Prioritaire* (ZEP) geschaffen
wurden, haben eine Schere im Kopf. Sie glauben, die Vorbereitungsklassen seien ohnehin nichts für sie. Am Institut d'Études
Politiques (Science Po) in Paris wurde deshalb der Versuch gemacht, einen gewissen Prozentsatz aus den ZEP zu integrieren.
Die übrigen Grandes Écoles halten Quoten für ein Sakrileg, sie
wollen an den bisherigen Wettbewerbsverfahren festhalten, beginnen aber auch zunehmend über eine «Demokratisierung der Zugangswege» nachzudenken.

Inzwischen kann jeder Gymnasiast bei seiner Einschreibung in
eine Vorbereitungsklasse zwei verschiedene Richtungen angeben.
Für etwa 42 Plätze in einer Vorbereitungsklasse muß das Auswahl-
gremium bis zu 1300 Dossiers, also Bewerbungsmappen, mit
Zeugnissen durchsehen. Insgesamt bleiben zuweilen 2000 Plätze in
den Vorbereitungsklassen unbesetzt, weil die Kommissionen die
Voraussetzungen bei den Bewerbern nicht für gegeben hielten. Sie
würde das Ministerium gern nach anderen Kriterien (etwa Sozial-
quote) füllen.

Die Hypokhâgnes sind vollkommen überlaufen. Nur 10 Prozent
der Teilnehmer werden in eine Grande École aufgenommen. Von
ihnen gelangen wiederum nur zwei Drittel der Schüler in das
zweite Jahr der Vorbereitungsklasse.[4] In den naturwissenschaftli-

chen Klassen (Taupes) hingegen schaffen es 70 Prozent und in den
wirtschaftswissenschaftlichen 80 Prozent in die Kaderschmiede.
Das Niveau in den Vorbereitungsklassen wird zunehmend hetero-
gen – auf Schulnoten und Abiturauszeichnungen (*mentions*) ist
offenbar auch in Frankreich immer weniger Verlaß. Nach wie vor
gibt es erhebliche Differenzen zwischen Paris und der Provinz. Wer
auf einem der renommierten Pariser Lycées war (Louis-le-Grand
oder Henri IV), hat von vornherein bessere Chancen. Die Schüler
entwickeln sich in den zwei Jahren bis zum Concours, dem Auf-
nahmewettbewerb, sehr unterschiedlich. Wer mit vorzüglichen
Schulnoten kam, muß nicht unbedingt zu den besten beim Concours zählen. Das Auswahlprinzip ist in beiden Fällen streng meritokratisch, wobei Nervenstärke und psychische Belastbarkeit zu
den entscheidenden Vorbedingungen zählen.

Privileg der Oberschicht

Nicht selten fragen französische Eltern schon wenige Monate nach
der Geburt ihres Kindes, wie sie es am besten auf den landeseigenen
Karrieremarathon und die Zugangsklassen vorbereiten können.
Denn wer schon an den Zugangsverfahren gescheitert ist, kann in
Frankreich allen Gleichheitsprinzipien zum Trotz kaum noch auf
eine Spitzenkarriere in öffentlichen Ämtern hoffen. Dasselbe gilt
für die Führungspositionen in der Wirtschaft, es sei denn es handelt sich um Kinder führender Unternehmer, die ihre Leitungs-
stelle in der Familie weitergeben. Daß über die Hälfte der Abiturienten in den sogenannten Vorbereitungsklassen (*classes préparatoires*)
aus der Oberschicht, etwa 30 Prozent aus der Mittelschicht und
nur 12 Prozent aus den unteren Schichten stammen, verwundert
nicht.[5]

Der französische Soziologe Pierre Bourdieu, der als Sohn eines
Postbeamten geboren wurde und später selbst an der École Normale Supérieure (ENS) studierte und schließlich einen Lehrstuhl
am renommierten Collège de France übernahm, hat seine These
der fortwährenden französischen Elitenreproduktion mit ähnli-

chen Beobachtungen gestützt. Er hat die französische Elite eindrücklich als eine homogene Schicht beschrieben, die aus ihren
schulischen Adelstiteln die unumstößliche Gewißheit ihrer Kompetenz und Legitimität ziehe. Bourdieu hat belegt, daß sich Kinder
von Professoren und Lehrern eher an den geisteswissenschaftlichen Eliteeinrichtungen (ENS) finden, die Kinder hoher Beamter
an der ENA (École Nationale d'Administration) und die Söhne von
Unternehmern aus Industrie und Handel an der HEC (Haute École
de Commerces).[6] In den vergangenen Jahren sind die Anteile der
Studenten aus schwächeren sozialen Schichten nicht etwa gestiegen, sondern gesunken. Wer den fortwährenden Leistungsdruck
und Frontalunterricht in den *classes préparatoires* überstanden hat,
kann am Concours teilnehmen, der das eigentliche Nadelöhr
bildet. Die Anzahl der Aufnahmen steht schon vorher fest und
schwankt zwischen 50 und 300 pro Hochschule. Von jährlich 3000
Bewerbern an der ENA bestehen nur 120 den strengen Concours,
obwohl es sich bei der Hälfte der Kandidaten um Absolventen
anderer Grandes Écoles handelt. Die Erfahrung zeigt, daß die Absolventen der ENA trotz des erschreckend verschulten Systems auf
das künftige Berufsleben gut vorbereitet sind, weil sie in der Regel
über die Kenntniss von mindestens einer Fremdsprache und Aus-
landserfahrung verfügen und die sonst in Frankreich nicht son-
derlich hochgeschätzten praktischen Seiten ihres späteren Berufs
kennenlernen. Die Fähigkeit zur Abstraktion, ein breites enzyklopädisches Wissen sowie rhetorisches Können genießen in Frankreich ein wesentlich höheres Ansehen als anderswo.

Die Enarchen

Die 320 000 Studenten der Grandes Écoles verteilen sich auf staatliche und private Elitehochschulen, wobei nur 100 000 die staatlichen Grandes Écoles besuchen. Die Écoles de Commerce et de
Gestion werden von den Industrie- und Handelskammern getragen. Staatlich sind die geisteswissenschaftlichen Écoles Normales
Supérieures (ENS), die verwaltungstechnische École Nationale de

l'Administration (ENA), die ingenieurwissenschaftliche École Polytechnique (EP) sowie der Science Po. Die neun Instituts d'Études
Politiques gelten gewissermaßen als Vorstufe zur ENA. Bis auf
die wirtschaftswissenschaftliche HEC (Hautes Études Commerciales), die von der Pariser Handelskammer getragen wird und
etwa 15 000 Euro Studiengebühren nimmt, sind die übrigen Elitehochschulen staatliche Einrichtungen, die ihren Anwärtern während des Studiums monatliche Gehälter zwischen 1000 Euro (ENS)
und 1220 Euro (ENA) bezahlen. Die Ausbildung eines «Enarchen»
(*énarque*) kostet den Staat in 27 Monaten zwischen 65 000 und
70 000 Euro. Ein Student an einer Grande École kostet den Staat
nahezu fünf Mal so viel wie ein Universitätsstudent. Es handelt
sich also um veritable Luxusstudenten, die in ihrem Glauben an das
eigene Auserwähltsein zusätzlich bestärkt werden. Dafür erhalten
sie eine exzellente Ausbildung.

Manchen Absolventen der Grandes Écoles reicht es nicht, etwa
die École Normale Supérieure (ENS) abgeschlossen zu haben, sie
schließen eine Ausbildung an der ENA an und versuchen dort, zu
den zehn Besten eines Jahrgangs mit an die hundert Absolventen
zu gehören. Nur sie haben Zugriff auf die Spitzenstellen im Staat,
wozu die Finanzinspektion, der Rechnungshof und der Staatsrat
zählen. An sich verpflichten sich die Absolventen der ENA, zehn
Jahre lang für den Staat zu arbeiten. Immer häufiger aber erliegen
die eigentlich als Staatsdiener ausgebildeten Enarchen der Versuchung der sogenannten *pantouflage* und wechseln auch vor Ablauf
der zehn Jahre in die Privatwirtschaft. In diesem Fall müssen sie mit
erheblichen Rückzahlungen an den Staat rechnen. Unangefochten
ist gerade die ENA auch in Frankreich nicht – mangelnde Kreativität und unbeschreibliche Arroganz gehören zu den stereotypen
Vorwürfen an die ENA-Absolventen, die genauso alt sind wie die
ENA selbst. Gleichzeitig aber wissen alle, daß ein Enarch nicht nur
über ein solides Allgemeinwissen verfügt, sondern auch das Arbeiten gelernt hat.

Die ENA wurde erst 1945 von de Gaulle gegründet. Bis dahin
gab es keine zentrale Ausbildung der Verwaltungsbeamten. Die

ENA sollte durch eine dem Staat ergebene Verwaltungselite den Wiederaufbau des zerstörten Frankreichs leisten und eine weitere Kriegsniederlage unmöglich machen; sie war in ihrer Anfangsphase geprägt vom Geist der *Résistance*, des Widerstands, denn die Elite des Landes hatte sich 1940 diskreditiert – um so entschlossener ging es dann darum, eine neue aufzubauen.

Wer noch das alte Gebäude der École Nationale d'Administration (ENA) direkt hinter dem Jardin du Luxembourg in Paris kennt, wird ihren Umzug nach Straßburg bedauern, den die frühere Premierministerin Édith Cresson 1992 gegen erheblichen Widerstand durchgesetzt hat. Inzwischen wurde das Institut international d'administration publique (IIAP) integriert. Den Umzug hat die ENA genutzt, um ihre Curricula zu überarbeiten. Zu den Absolventen der ENA zählen viele der ehemaligen Staatspräsidenten wie Jacques Chirac und Valéry Giscard d'Estaing, aber auch der Direktor der Europäischen Zentralbank, Jean-Claude Trichet, der Generalsekretär der Welthandelsorganisation (WTO) Pascal Lamy, die meisten Premierminister und der eine oder andere Konzern- und Bankenchef.

In Konkurrenz zu den ENA-Absolventen um Verwaltungsstellen treten die zehn besten Absolventen eines Jahrgangs der jährlich 400 Polytechnique-Studenten. Die vier Korps des Landes (Inspection des Finances, Conseil d'État, Cour des Comptes und Corps des Ponts-et-Chaussées) sorgen für eine steile Karriere in der Verwaltung, in Wahlkreisen oder Unternehmen. Die École Polytechnique ist wesentlich älter als die ENA. 1804 hatte Napoleon sie zu einer Militäreinrichtung gemacht, die nach dem Vorbild der Eliteausbildung des Jesuitenordens die technischen Führungskräfte des Staates ausbilden sollte. Auch heute haben die X, wie die Polytechnique-Studenten in Frankreich genannt werden, einen Offiziersstatus und marschieren am 14. Juli mit dem Zweispitz auf dem Kopf an der Spitze der traditionellen Militärparade.

Neben den Eliteschmieden konnten sich auch in Frankreich private Business-Schools etablieren. Dazu zählt etwa die betriebswirtschaftlich orientierte ESSEC oder die internationale Business-

School Insead in Fontainebleau, die 1959 gegründet wurde und vor allem im Ausland einen guten Ruf genießt. Zumeist aber sind die Absolventen dieser Business-Schools eher im mittleren Management wiederzufinden als in den Führungsetagen der großen Unternehmen. Trotz aller Vorbehalte gegen die Grandes Écoles, die in der öffentlichen Debatte regelmäßig auftauchen, richten die Franzosen ihr Augenmerk inzwischen eher auf die Zugangswege, die Vorbereitungsklassen.

Die Aufnahme in die Vorbereitungsklasse ist gewissermaßen der Intitiationsritus für das spätere entbehrungsreiche Leben der Grandes Écoles, die in ihrer Abgeschlossenheit durchaus etwas Klösterliches an sich haben. «Diese Dialektik von Weihe und Anerkennung, bei der am Ende die Schule diejenigen auswählt, die sie erwählt haben, weil sie von ihr erwählt worden sind, ist einer der Mechanismen, mit denen es der Schule gelingt, mittels der gewährten Weihe Individuen anzuziehen, die ihren expliziten und impliziten Anforderungen am besten entsprechen und keinen Wunsch nach Veränderung haben», hat Pierre Bourdieu treffend formuliert.[7] In den Fakultäten an der Universität freilich wächst der Groll darüber, daß die Grande Nation sich einerseits die kostspieligen Vorbereitungsklassen und Grandes Écoles leistet und andererseits die Universitäten austrocknet und ihnen vorwirft, daß sie es nicht einmal schaffen, genügend Studenten bis zur Licence zu führen, also zu viele Studienabbrecher produzieren. Die Studenten an den Massenuniversitäten häufen oftmals aus Verzweiflung zweitrangige Diplome und Titel an und müssen doch erfahren, daß sie mit der Inflation der Bildungstitel nur in Sackgassen landen, während der Bildungsadel des Landes reüssiert, weil er schon in jungen Jahren einem Härtetest unterzogen wurde, der an Disziplin, Regelmäßigkeit, Fleiß und gründlichem Studium sowie rhetorischer Brillanz seinesgleichen sucht.

Die Rolle der Universitäten

Die Universitäten lassen ihrerseits keine Gelegenheit aus, die Schwächen der Vorbereitungsklassen beim Namen zu nennen. Sie kritisieren die Forschungsferne der dortigen Lehrer, die sich niemals an der Entwicklung neuer Erkenntnisse beteiligt haben, sondern sich damit begnügen, ihren Schülern ein enzyklopädisches Wissen zu vermitteln, das nicht in erster Linie intellektuelle Selbständigkeit fördert, wohl aber eine breite Wissensgrundlage schafft. Die Zukunft Frankreichs sehen die Hochschullehrer an staatlichen Universitäten schwarz. Eine nationale Elite ohne Kontakt zur Forschung heranzuziehen, erscheint den meisten als völlig unverantwortlich. Die Lehrer in den Taupes erkennen ihr eigenes Defizit durchaus. Die meisten geben zu, in der modernen Forschung nicht mehr auf dem laufenden zu sein, aber sie halten ihren Unterricht im Vergleich zu universitären Lehrveranstaltungen natürlich trotzdem für weit überlegen. In Paris besuchen ein Prozent der Taupins (Teilnehmer naturwissenschaftlicher Vorbereitungsklassen) und zehn Prozent der Khâgneux auch Hochschulveranstaltungen. Doch den meisten bleibt dazu überhaupt keine Zeit.

Die Hochschullehrer empfinden es als Zumutung, daß sie mit den Gescheiterten zurechtkommen müssen, die zum Teil beide Jahre der Vorbereitungsklassen wiederholt haben, also insgesamt schon vier Jahre damit zugebracht haben, auf einen Concours hinzuarbeiten, den sie dann nicht bestanden haben. Diese Studenten sind restlos desillusioniert über die höhere Lehre und finden sich entmutigt und erschöpft an den Universitäten wieder, um ihre berufliche Zukunft noch auf irgendeine Weise zu retten. Viele Hochschulen sind inzwischen dazu übergegangen, den erfolgreichen Teilnehmern der Vorbereitungsklassen eine Bescheinigung über das erste oder zweite Jahr des Licence-Studiengangs zu verleihen, damit sie, darauf aufbauend, sofort ihr Studium fortsetzen können. Doch an den Universitäten werden die Gescheiterten nicht auf die notwendigen Bedingungen für eine intensive und kontinuierliche pädagogische Arbeit treffen. Anstatt wenige Studenten intensiv zu betreuen, halten die Professoren an der Universität höchstens die Hauptvorlesung ab, ihre Assistenten organisieren die Seminare und Übungen. Mündliche Prüfungen werden von den Assistenten abgehalten, Aufgaben und schriftliche Arbeiten korrigieren Studenten höherer Semester oder Schüler der Grandes Écoles. Nur in den seltensten Fällen sahen Hochschullehrer ihre Studenten mehr als vier Stunden pro Woche. Während die Professoren der Vorbereitungsklassen in ihrer Rolle als Vorbild, Betreuer und Lehrer aufgehen, halten sich die Hochschullehrer zugute, mehr pädagogische Freiheit zu pflegen. Damit können französische Abiturienten nach zwölf Jahren einer vom lehrerzentrierten Unterricht und der Reproduktion des gelernten Stoffes dominierten Schule schwer umgehen. Die Lehrer an den Universitäten haben fast alle eine Vorbereitungsklasse durchlaufen oder durchlitten und versuchen deshalb, extremen Leistungsdruck etwa vor dem Examen zu vermeiden. Während die Vorbereitungsklassen ihr Schicksal gewissermaßen in die Hände des Professors legen, müssen die Universitätsprofessoren ständig um eine wechselnde, viel zu zahlreiche und zumeist schlecht vorbereitete, zu methodischem und konzentriertem Arbeiten kaum befähigte und motivierte Studentenschaft werben. Sie müssen also alles vermeiden, was schulischem Pauken allzu sehr ähnelt. Daß viele von ihnen ihre Zugeständnisse an die Wirklichkeit, an die sozial und schulisch völlig heterogene Studentenschaft, häufig als überlegene pädagogische Methode verbrämen müssen, liegt auf der Hand.

Das Erfolgsrezept der Vorbereitungsklassen indessen scheint darin zu liegen, Lernen nicht als individuellen Vorgang zu betrachten, sondern als kontrollierten und planbaren Zuwachs an Wissen und Arbeitsmethodik. Der Schüler einer Taupe, einer naturwissenschaftlichen Vorbereitungsklasse, muß jährlich zwei- bis dreimal so viele Arbeiten in Mathematik und Physik liefern wie ein Mathematik- und Physikstudent der naturwissenschaftlichen Fakultät. Ähnliches gilt für die Khâgnes. Sie müssen während eines Jahres bis zu zwölf Seminararbeiten, dreißig bis fünfunddreißig Übersetzungen aus der Fremdsprache und in die Fremdsprache verfassen, dazu noch Routineaufgaben bewältigen.

Zu den charakteristischen Merkmalen des französischen Systems gehören die enorme Dominanz der sprachlich-rhetorischen Schulung und die geradezu formalisierten Textinterpretationen. Im Französischunterricht lernen die Schüler Gattungen zu erkennen und vorgeprägte Interpretationsmodelle darauf anzuwenden. Das steht in scharfem Gegensatz zum deutschen Modell, das ins Gegenteil übertreibt und Einfühlungsvermögen sowie sprachliche Originalität bei der Textinterpretation anstrebt. In Frankreich steht schon vorher fest, daß die *dissertation*,[8] also der Erörterungsaufsatz, die drei sakrosankten Teile mit jeweils drei Untergliederungen aufzuweisen hat, die durch Einleitung und Schluß umrahmt werden. Dieser sprachliche Formalismus wird in den Grandes Écoles weitergeführt. Im Science Po gilt das Prinzip «zwei mal zwei» als Denknorm (zwei Teile und zwei Untergliederungen), an der ENA das sakrosankte Gesetz «drei mal drei», also die Form der *dissertation*. An diesen Gliederungsprinzipien ist leicht zu erkennen, ob der jeweilige Redenschreiber am Science Po oder der ENA ausgebildet wurde. Denn rhetorische Brillanz gehört zu den Eigenschaften, die alle Absolventen der Grandes Écoles teilen.

Es scheint weniger die internatsartige Abgeschlossenheit der Vorbereitungsklassen zu sein, die ein derartiges Höchstmaß an Produktion und Reproduktion fördert, als die totale Betreuung in den Vorbereitungsklassen. Die Schüler lernen durch den enormen Druck, ihre Zeit möglichst sinnvoll zu nutzen, sich zu konzentrieren und sich ein Wissen anzueignen, was zweifellos nicht gerade zur kreativen Forschertätigkeit prädestiniert. Der Unterricht in der Vorbereitungsklasse ist am ehesten einem deutschen Repetitorium für das Jura-Examen vergleichbar. Es geht nicht um die Lehre selbst, sondern nur darum, möglichst viel nützliches Wissen für den Concours zu vermitteln. Fast alle Übungsaufgaben in den Taupes und Khâgnes stammen deshalb aus früheren Concours. Das Erfolgsgeheimnis liegt in einer laufenden Kontrolle und Betreuung, die Lern- und Arbeitstechniken lehrt. Deshalb äußern sich die Schüler so gut wie nicht, weil sie ihre Zeit nicht mit Fragen «vergeuden» wollen. «Man geht nicht als Dilettant ins Khâgne, um sich dort frei zu bilden»,[9] sagt ein Geschichtsprofessor der geisteswissenschaftlichen Vorbereitungsklassen und erläutert, sein Unterricht verlaufe wie eine Hauptvorlesung.

Bis zu 90 Prozent der Lehrer an den Grandes Écoles haben selbst Vorbereitungsklasse und Elitehochschule durchlaufen.

Die Elite reproduziert sich selbst

Diese Elite reproduziert sich also selbst und sorgt für eine außerordentliche soziale Homogenität. Insofern handelt es sich bei der französischen Elite tatsächlich um eine sehr viel stärkere Machtelite, die zwar auch einzelne Gruppierungen aufweist, aber insgesamt durch ein viel größeres Gefühl der Zusammengehörigkeit verbunden ist als die pluralistischen Eliten in Deutschland, die allenfalls in ihrer je eigenen Gruppe eng miteinander kommunizieren. Außerdem sind die Überschneidungen zwischen der französischen Elite und der staatlichen und politischen Macht größer als in Deutschland, das ergibt sich aus der Ausbildung an der ENA. Daß die Eliterekrutierung zumindest für die politischen Führungspositionen auch in Frankreich brüchig geworden ist, zeigt die Regierung Sarkozy, in der sich nur noch ein einziger Enarch befindet.

In den größten französischen Unternehmen stammen die Führungskräfte nach wie vor weitgehend aus ENA, École Polytechnique (EP) oder von den Hautes Études Commerciales (HEC). So konzentriert sich die politische und wirtschaftliche Macht der Grande Nation in der Hand von etwa fünfhundert Elitehochschulabsolventen, die gerade 0,6 Prozent eines gesamten Jahrgangs ausmachen und fast vollständig aus dem Großbürgertum oder dem gehobenen Bürgertum stammen.

«Auf allen Märkten», so beschreibt Bourdieu die Selbstreproduktion der Eliten, «vom Wettbewerb um den Eintritt in eine Grande École bis zu den Zeitschriftenredaktionen, von beruflichen Einstellungsgesprächen bis zu mondänen Veranstaltungen – werden die kulturellen Leistungen des kleinbürgerlichen Habitus auf subtile Weise diskreditiert, weil sie erkennen lassen, daß sie erworben wurden, während es gerade hier mehr als irgend sonst darum geht, zu haben, ohne je erworben zu haben.»[10] Wer durch die Zwänge der französischen Elitebildung hindurchgegangen ist, wird irgendwann nebenbei ein spielerisches Verhältnis zum Bildungsgeplänkel entwickeln, während die unteren sozialen Schichten ihre Kultur zu ernst nehmen, um mit Bildung zu bluffen. Sie sind ständig besorgt, bei Schnitzern und Bildungslücken ertappt zu werden. Kaum werden sie auch die Gelassenheit derer besitzen, die ihre Bildungslücken mit einem gewissen Stolz vor sich hertragen.

Wer eine Grande École absolviert hat und womöglich eine der begehrtesten Stellen an der Spitze der republikanischen Aristokratie, in den Grands Corps (Conseil d'État, Cour des Comptes und Inspection des Finances), errungen hat, wird die herkunfts- und ausbildungsbedingten Gemeinsamkeiten ein Leben lang pflegen. Dieser Corpsgeist trägt in Frankreich sogar über Parteigrenzen hinweg, birgt aber auch die Gefahr der Günstlingswirtschaft und Korruption, die sich in den vergangenen Jahren bei führenden Mitgliedern der französischen Regierung gezeigt hat. Gleichzeitig aber sichert sich die französische Gesellschaft dadurch ein nahezu unerschütterliches Gleichgewicht[11] und eine sichere Kontinuität der republikanischen Ideale.

6. Eliten in der Demokratie

Sobald in einem politischen System Eliten eine entscheidende Rolle spielten, war es zum Scheitern verurteilt. Diesen Eindruck scheint der Blick in die Geschichte zu bestätigen: Platons nie Wirklichkeit gewordener Philosophenstaat, die Feudalherrschaft des Adels, Lenins proletarische Revolution mit ihrer Elite von Berufsrevolutionären, Mussolinis Imperialismus einer Elite von machiavellistischen Machtmenschen, das Scheitern der Weimarer Demokratie durch politische Fehleinschätzungen der Eliten in Politik und Militär, aber auch führender Köpfe in der Wissenschaft, und der Nationalsozialismus mit seiner Elite von Führern aus eugenischer Zucht, schließlich die Elitekader der DDR. Der Mißbrauch von Eliten in totalitären Systemen könnte Anlaß genug sein, sich von Eliten endgültig zu verabschieden, zumindest aber mit äußerstem Bedacht von ihnen zu sprechen. Doch Gründe für das Scheitern der ersten Demokratie Deutschlands, der Weimarer Republik, wird man nicht in einem Komplott der Eliten in Politik und Militär zu suchen haben, sondern in ihrer Schwäche, in ihrer Orientierungslosigkeit und Fragmentierung.

Aus diesem Grunde könnten starke Eliten zu einem Sicherungsfaktor des demokratischen Rechtsstaats werden. Das gilt allerdings nur dann, wenn der Zugang zu allen Eliten zumindest prinzipiell offen bleibt. Jede Gesellschaft hat Eliten, ob sie will oder nicht. Aber von der Beschaffenheit ihrer Eliten hängt ihre eigene Zukunftsfähigkeit ab. Die Demokratie ist der Elitenbildung in besonderer Weise aufgeschlossen, weil keine politisch dominante Elite die Bildung anderer Eliten verhindern oder gleichschalten muß und es sich bei Eliten in der Demokratie immer um plurale Eliten handelt. Moderne Demokratien leben davon, daß an sämtlichen Entscheidungsprozessen die unterschiedlichsten Eliten beteiligt sind. Das Zusammenspiel ihrer Eliten und der Gesamtzustand der Eliten erlaubt daher immer auch Aussagen über die Qualität einer Demokratie. Denn gesellschaftliche Freiräume entstehen zwar durch die Konkurrenz von Eliten, gewahrt werden sie aber durch ihre Kooperation.[1]

Nicht ohne gegenseitiges Vertrauen

Für keine Staatsform sind Eliten unentbehrlicher als für die Demokratie. Dieses Bewußtsein scheint der deutschen Demokratie häufig zu fehlen. Sie darf sich dann auch nicht wundern, wenn Eliten der gegenwärtigen politischen Wirklichkeit mit innerer Abwehr gegenübertreten und eine gewaltige innere Distanz zu ihrer eigenen Herkunft und ihrem Land pflegen. Es kommt deshalb nicht von ungefähr, daß Deutsche mit ihren Minderwertigkeitskomplexen und ihrer schick gewordenen Dauerdistanzierung auch mit Eliten größere Schwierigkeiten haben. Der Ausspruch des früheren Vorstandsvorsitzenden der Daimler-Benz AG, des späteren Daimler-Chrysler-Konzerns, Jürgen Schrempp, daß er mit Deutschland sowieso nicht viel am Hut habe, ist in mancher Weise typisch. Diese Distanz bezieht sich zumeist nicht auf Deutschlands freiheitlich-demokratische Verfassung, die in gefährlicher Weise als Selbstverständlichkeit hingenommen wird. Das politische System als solches wird gar nicht mehr in Frage gestellt, wohl aber seine Wirklichkeit. Aber eine Demokratie kann auf das Vertrauen in Eliten in ganz unterschiedlichen Bereichen nicht verzichten. Ihre Stabilität und Zukunftsfähigkeit hängen entscheidend von den Eliten ab. Destabilisierend und systemgefährdend wirken dagegen Verdrossenheit, Verweigerung von Vertrauen und innere Resignation. Das zeigt sich etwa im Osten, wo Jugendliche weder den örtlichen Politikern (von Berlinern ganz zu schweigen) noch dem Pluralismus oder der Demokratie trauen und Zuflucht in rechtsradikalen Gruppen suchen, weil sie dort genau jene Ichstärke erfahren, die sie selbst nicht zu entwickeln imstande waren. Viel zu viele ostdeutsche Jugendliche glauben nicht, daß sich Politiker auch um ihre Belange kümmern. Fast die Hälfte konnte der Aussage «die Demokratie in unserem Land finde ich gut» überhaupt nicht oder eher nicht zustimmen. Die Hälfte ist selbst den Entscheidungen ihres Landrates gegenüber mißtrauisch. Der demokratische Parteienpluralismus wird nicht als Errungenschaft verstanden. Vielmehr äußern einige Schüler den Wunsch nach einer starken Partei, welche die Interessen des ganzen Volkes vertritt. Hier zeigen sich nicht nur deutliche Schwächen im Demokratieverständnis, sondern es offenbart sich auch ein hohes Maß an Unmündigkeit. Die vergangene DDR hat ihre Bürger durch fortwährende Bevormundung zur Unselbständigkeit erzogen. Nun gelingt es vielen nicht, ihre Gleichgültigkeit und Trägheit zu überwinden. Dabei verspielen sie ihre Mündigkeit bewußt oder unbewußt.

Im Unterschied zu Frankreich, wo Eliten trotz aller Kritik an ihrer Rekrutierung weitgehend homogen wirken, waren Eliten in Deutschland schon immer in hohem Maße segmentiert und auf verschiedene Teilbereiche der Gesellschaft verteilt. Sie finden sich in Wissenschaft, Kunst, Kultur, Technik, Wirtschaft, Politik, in Kirchen und Stiftungen, Initiativen und Organisationen, aber auch als Einzelpersonen. Noch immer glauben viele kulturpessimistische Zeitgenossen, die Existenz von Eliten und ihre Förderung seien nicht mit demokratischen Systemen in Einklang zu bringen. Im Zweifelsfall berufen sie sich darauf, daß vor Gott und vor dem Gesetz des demokratischen Rechtsstaates alle Menschen gleich sind, sehen aber nicht, daß diese pauschale Ablehnung der Eliten einer Nivellierung jeglicher Differenz gleichkommt. Sie wollen Unterschiede nicht gelten lassen. Die Tendenz, Differenzen einzuebnen, spiegelt sich auch in der Sprache: Es ist von Geburts-, Funktions- oder Positions-, Leistungs-, Macht- und Werteliten die Rede, um Eliten weniger anstößig erscheinen zu lassen, um sie zu entschärfen. Die meisten soziologischen Theorien versuchen, den Begriff zu entzaubern, indem sie ihn zerlegen. Sie greifen aber in den meisten Fällen zu kurz, weil sie nur bestimmte Funktionsträger erfassen und diese auf ihre gesellschaftliche Stellung festlegen. Die Klassiker der Theorien von Eliten haben aber gewußt, daß ein bestimmtes Eliteverhalten – mal langsamer, mal rascher – den Fall der Eliten zur Folge hatte, weshalb Pareto vom Kreislauf der Eliten sprach.

Wahl und Erwählung

Der Umgang mit Eliten ist so schwierig, weil es sich beim Elitestatus nie um einen gesellschaftlichen Zustand handelt. Es ist kein Zufall, daß «Elite» sich aus dem Verb *eligere* oder *élire* ableitet, denn die Auswahl von Eliten ist ein so unabgeschlossener Prozeß wie der Bildungsprozeß selbst. Auswahl ist immer mit Unterscheidung verbunden, und dazu braucht das verantwortliche Individuum ein reflektiertes Unterscheidungsvermögen. Ein in jeder Weise geschärftes Wahrnehmungs- und Unterscheidungsvermögen hatte Platon den Herrschern seines Philosophenstaates in seiner *Politeia* als Voraussetzung für die höchste Stufe der Erkenntnis zugeschrieben. Wie sich das Wägen der Argumente auf die Funktion des Urteilsvermögens auswirkt, läßt sich im platonischen Dialog *Kriton* nachlesen. Nachdem Kriton seinen alten Freund Sokrates gedrängt hat, aus dem Gefängnis zu fliehen, und in einen ungeduldigen Ton verfallen ist, erwidert Sokrates: «Mein lieber Kriton, deine Hilfsbereitschaft ist viel wert – wenn es nur einige Richtigkeit damit hat: wenn nicht, dann ist sie je größer, desto mißlicher. Wir müssen also prüfen, ob wir dies tun sollen oder nicht. Ich halte es ja nicht erst jetzt, sondern schon immer so, daß ich nichts anderem in mir folge als dem Gedanken, der sich mir beim Nachdenken als der beste erweist.»[7]

Es ist diese Unabhängigkeit im Denken und Urteilen einzelner, die demokratische Systeme brauchen.

Gerade eine Demokratie ist darauf angewiesen, daß sich ihre Bürger nicht von demagogischen Reden verführen lassen. Die Lektüre der klassischen griechischen Autoren kann dazu beitragen, gegen populistische Reden zu sensibilisieren, und helfen, ihre Methoden sofort zu durchschauen. Es wäre verfehlt, deshalb den Griechischunterricht für alle zu propagieren, aber es ist sinnvoll, ihn für Interessierte zu erhalten und durch Grundkenntnisse rhetorischer Regeln im Deutschunterricht zu ergänzen. Aber Kultusbürokratien haben sich daran gewöhnt, Qualität durch Quantität zu ersetzen, und betrachten die geringe Zahl von Griechischschülern als Alibi, um ihre kurzsichtige Politik zu rechtfertigen. Schule muß aber ein Ort der Konzentration bleiben, an dem nicht das spätere Leben vorgezogen wird, sondern zweckfrei gelernt werden kann. Gleichzeitig muß es Freiräume für begabte Schüler geben, damit sie früh ihre Talente entdecken und entfalten. Daran müssen die Eliten ein vitales Interesse haben. Denn der Verzicht auf eine breite Nachwuchsförderung beschleunigt ihre Erstarrung und ihren Niedergang.

Mündig und entscheidungsfähig

Sowohl die Reformation als auch die Aufklärung haben das Ethos der Mündigkeit und individuellen Entscheidungsfähigkeit stark gemacht. Kant ging in seiner *Anthropologie in pragmatischer Hinsicht* aus dem Jahre 1798 so weit, fehlende Urteilskraft als Form der Dummheit zu bezeichnen. Eliten zeichnen sich durch ein Höchstmaß an Unterscheidungsvermögen aus, sie sind im Idealfall der unübersichtlichen Moderne gewachsen, weil sie aus einer Fülle von Informationen und Daten, aus Erscheinungen und Konventionen begründet auszuwählen wissen. Sie sind sich ihrer Wahlmöglichkeiten bewußt und nutzen sie auch. Sie empfinden die Notwendigkeit auszuwählen nicht etwa als Belastung oder Zumutung, sondern als vergnüglichen Ansporn, ihr Nachdenken zu vertiefen, Argumente zu wägen, Streit sachgemäß auszutragen und immer genauer zu unterscheiden. Sie freuen sich an der Arbeit des Begriffs und suchen nicht die bequeme Unmündigkeit. Vor allem Wissenschaft und Medien sind darauf angewiesen, daß ihre Vertreter sich weder von anderen Systemen instrumentalisieren lassen noch ihre kritisch-distanzierte Position aufgeben. Nur so können sie ihre beobachtend-analytische Funktion erfüllen, ohne dabei gleich des Kulturpessimismus bezichtigt zu werden. Dazu gehört die schwierige Aufgabe des Standhaltens gegen bürokratischen und mentalen Anpassungsdruck, denn kritisch bleiben heißt, sich der ständigen Aufgabe zu unterziehen, reflektiert zu unterscheiden (*krínein*) und verantwortlich zu handeln.

Wer sich vom Urteil anderer abhängig macht, wird es zumindest schwerer haben, vernunftbestimmt und verantwortlich zu handeln. Wer die übereilte Zustimmung aus mangelnder Konfliktfähigkeit sucht, begibt sich auf Dauer seiner Unterscheidungsfähigkeit und damit auch seiner Urteilskraft. Er gerät in den Dämmerzustand der falschen Eintracht, der bequemer ist, aber auch den Geist betäubt. Mit ihrer verbreiteten Harmoniesucht haben vor allem die Kirchen dazu beigetragen, die Eliten aus ihren Reihen zu vertreiben. Denn diese suchen einen Glauben, der sich mit Vernunft in Einklang bringen läßt, und keine vorschnelle Einmütigkeit auf Kosten der Differenz.

Ständiges Entscheiden ist anstrengend und erfordert geistige Wachheit sowie emotionale Intelligenz. Seiner Zugehörigkeit zu Eliten wird nur gerecht, wer ganz nonkonformistisch einzelner wird und nicht primär nach Kommunikation mit seinesgleichen strebt, damit hatte Platon in der *Politeia* recht. Die Verständigung mit Gleichgesinnten findet sich von ganz allein. Deshalb ist es auch so albern, den interdisziplinären Dialog organisieren oder gar erzwingen zu wollen. Wissenschaftliche Eliten haben es schon immer geschafft, sich über die Fachgrenzen hinweg zu verständigen. Einzelner-Sein ohne sich zu vereinzeln, abzuschotten oder gar überheblich gegenüber der Masse zu werden, ist für Eliten kein Zustand des Daseins, sondern eine Lebenseinstellung, die immer wieder neu situationsspezifisch errungen werden muß – und zwar ohne auf den Beifall der anderen zu schielen. Ständige kritische Selbstüberprüfung, ein hohes Leistungsethos, die Fähigkeit, Unterschiede auszuhalten und Einsamkeit zu ertragen, sind nur einige der mentalen Voraussetzungen von Eliten. Sobald Eliten sich selbst für das Maß aller Dinge halten, machen sie sich zum Gegenteil dessen, was sie zu sein beanspruchen.

Wider die Elitenerstarrung

Um sich vor Bequemlichkeit und Dünkel zu bewahren, müssen Eliten sich immer aufs neue vergegenwärtigen, daß sie in einer Demokratie fortwährend in einem Prozeß gesellschaftlicher Auseinan-

dersetzung entstehen und vergehen. «Eliten repräsentieren Unterschiede, die gerade erst dann sichtbar werden, wenn Stände und
Klassen verschwunden sind», hat der Philosoph Hermann Lübbe
treffend festgestellt.[3] Nichts wäre für eine demokratische Gesellschaft deshalb schädlicher als erstarrte Eliten. Das fortwährende
Auswählen und Ausgewähltwerden ist konstitutiv für Eliten in
einer Demokratie. Sobald die «Auserwählten» ihre Zugehörigkeit
zur Elite als Dauerzustand sehen und sich auf ihren Lorbeeren aus-
zuruhen beginnen, wird aus ihrer Leistung und ihrem Verdienst,
aber auch aus ihren Eigenschaften und Talenten ein unverdienter
Besitzstand. Sie beginnen dann unweigerlich, ihre Privilegien zu
genießen, ohne daraus Pflichten abzuleiten.

Ungleichheit in Staats- und Gesellschaftssystemen durch gewalt-
same Egalisierung zu überwinden, bleibt ein Irrweg, der vor allem
in der Bildungsgeschichte immer wieder eingeschlagen wurde. Zu
einer lebendigen und anspruchsvollen demokratischen Kultur
gehören die Freude an unterschiedlichen Begabungen und die Freiheit der Staatsbürger, ihr unterschiedliches Können auch ausüben
zu dürfen. Eine grundsätzliche Chancengerechtigkeit bestünde
darin, daß alle unabhängig von Herkunft und Begabung die ihnen
gemäße Bildungschance wahrnehmen können. Chancengleichheit
kann es schon wegen der unterschiedlichen Ausgangsbedingungen
nicht geben, sie gehört zu den Schlagworten aus der ideologischen
Trickkiste von Politikern, die ihren Wählern Sand in die Augen
streuen wollen und Unterschiede leugnen. Allerdings hat schon
der Sozialphilosoph John Rawls im vergangenen Jahrhundert erkannt, daß Menschen Ungleichheit immer nur dann akzeptieren,
wenn sie an Leistung gebunden ist und alle von ihr profitieren
können, weil das Land wettbewerbsfähiger wird und prosperiert.
Der Glaube an diese Bindung von Leistung und Elitezugehörigkeit
wurde immer wieder massiv erschüttert. Deshalb darf nicht ererbte
oder formale Zugehörigkeit der Maßstab für Eliten sein, sondern
allein individuelle Leistung, gepaart mit Integrität, Verantwortungsbewußtsein und Urteilsvermögen. Wenn das Vertrauen in die
prinzipielle Chancengerechtigkeit einer Gesellschaft verloren geht,

gefährdet das unweigerlich die Demokratie. Deshalb müssen demokratische Eliten offen bleiben und jegliche Tendenz zur Selbstabschließung und Ghettoisierung vermeiden. Sobald sie in einer offenen Gesellschaft die Nischenexistenz suchen, ist ihr Niedergang unausweichlich.

Nur wenn alle Bürger, insbesondere aber die Eliten, bereit sind, die rechtlichen Grundlagen der freiheitlichen Demokratie auf ihre je eigene Weise moralisch zu garantieren und zu stärken, haben sowohl die parlamentarische Demokratie als auch ihre Eliten die Chance auf dauerhaften Bestand. Allerdings darf der Staat sich nicht dazu verführen lassen, die Zustimmung dazu selbst sichern zu wollen, vielmehr ist er darauf angewiesen, daß offene Gesellschaften ihre Verständigung selbst organisieren. Dabei geht es aber nicht darum, kollektive Zustimmung zu organisieren, sondern Zustimmung aus freier Entscheidung zu fördern, ohne daß dabei die Vielfalt unterschiedlicher individueller Lebensentwürfe eingeebnet wird. Dabei haben Eliten aus unterschiedlichsten Bereichen darauf zu achten, daß ihre allgemeinverbindlichen Entscheidungen offen und durchschaubar bleiben. Sie müssen die Verantwortlichkeiten für alle sichtbar machen. Denn Autorität und Macht wachsen ihnen erst im sozialen Kontext und der jeweiligen Situation zu; deshalb sind sie auf die Zustimmung der sie tragenden Gesellschaft angewiesen, ohne sich zum Untertan dieser Bestätigung zu machen.

Allerdings sind sie nicht in derselben Weise auf Zustimmung angewiesen wie die Regierenden, die der Legitimation durch Parlamente bedürfen. Büßen Eliten die Zustimmung derer ein, die sie tragen, werden sie unweigerlich in Selbstimmunisierung verfallen und oligarchische oder gar tyrannische Züge annehmen. Sie beschleunigen damit ihr eigenes Ende, denn sie entziehen sich damit der wirksamen gesellschaftlichen Kontrolle. Im Unterschied zur bloßen biologischen Selektion ist die Auswahl einer Elite doppelt sozial rückgebunden: Aufgrund einer besonderen Fähigkeit eines Individuums wird es innerhalb einer Gruppe ausgewählt und erhält zugleich innerhalb der gesamten Gesellschaft eine Auszeichnung. Trotz dieser Hervorhebung gilt es für das Individuum, sich die Einsicht in die eigenen Grenzen und den Blick auf die eigenen Schwächen zu bewahren, weil sie vor jenem Dünkel schützen, der Eliten immer wieder in Verruf gebracht hat.

Das gilt auch für die notwendige Selbstdarstellung von Eliten. Sie bleibt eine Gratwanderung. Erschöpft sie sich im Auftritt des exzentrischen Einzelgängers, der nichts mit seinen Mitbürgern gemein zu haben scheint, zerfällt jegliche Kommunikation. Fügen sich Eliten hingegen ungeprüft allen sozialen Erwartungen, wird sich Verständigung auf die gegenseitigen Bestätigungsrituale eigenschaftsloser Opportunisten beschränken.

Der Reichtum der Unterscheidbarkeit

Ein Lob der Eliten muß mit der Bereitschaft verbunden sein, Unterschiede zuzulassen und damit zu rechnen, daß Begabte und Fähige besser sein dürfen und sogar besser sein sollen, daß sie geradezu verpflichtet sind, ihre Talente nicht brachliegen zu lassen, sondern weiterzuentwickeln. Die demokratische Gesellschaft hat ihrerseits die Aufgabe, die dazu nötigen Voraussetzungen zu bieten und Begabte nicht zu stigmatisieren, sondern als Bereicherung wahrzunehmen. Bisher galt die Fürsorge zumindest im Bildungssystem eher den Benachteiligten und weniger Begabten. Die neuen schulpolitischen Reformvorschläge von Einheitsschulen fördern weder Begabte noch Leistungsschwächere, sondern ein angepaßtes Mittelmaß. An den Hochschulen scheint im Zeitalter der Eliteuniversitäten die Grundeinsicht verlorenzugehen, daß weder Institutionen noch Organisationen Elite sein können, sondern daß sie immer nur so gut sind wie die Persönlichkeiten, die sich in ihren Dienst stellen. Kreativität und kritisches Bewußtsein bleiben mit Individualität verbunden.

Das Grundübel der gesamten Exzellenzinitiative liegt darin, daß diejenigen, um die es überhaupt nur gehen kann, die kreativen, innovativen Forscher, behandelt werden, als gehörten sie zum selbstverständlichen und austauschbaren Inventar einer Universität, als müßten sie nicht immer wieder aufs neue gewonnen und gepflegt werden. Die zunehmende Verschulung der Universität, die wachsende Marginalisierung der Professorenschaft ist nicht geeignet, das Elitenprinzip zu fördern und den liberalen Geist zu pflegen, der die deutsche Universität groß gemacht hat. Deshalb ist es üblich geworden, daß wissenschaftliche Eliten sich häufig nicht mehr durch Originalität und Kreativität auszeichnen, sondern vor allem durch die Verwendung des Englischen. Das System der Exzellenzinitiative fördert auch nicht die schrulligen Querköpfe, die abseitigen und unorthodoxen Charaktere, sondern die sozial und intellektuell Angepaßten, die zumindest Antragsexzellenz bewiesen haben. Das dürfte jedenfalls nicht dem wissenschaftlichen Denken dienen. Eliteuniversitäten werden unter diesen Voraussetzungen vor allem zu Reproduktionsstätten sozialer Zugehörigkeiten und genügen nicht dem Anspruch, heranwachsenden Eliten zur Entwicklung ihrer Kreativität die notwendigen Voraussetzungen zu bieten, und das sind: Zeit und Freiheit.

Um so beschämender ist es, daß die meisten Hochschulprofessoren die Bologna-Reform über sich ergehen ließen, ohne sich zu wehren und ihr ureigenstes Interesse zu verteidigen: ihre Forschungs- und Lehrfreiheit. Einige, die es wagten, etwa die Auswirkungen der Exzellenzinitiative öffentlich zu kritisieren, schrieben gleichzeitig Anträge oder waren als Gutachter tätig. Das wirkt geradezu schizoid, wenn nicht unglaubwürdig.

Wirklich kreative Menschen sind dazu imstande, Zusammenhänge zu erkennen und daraus die treffenden Schlußfolgerungen für ihr Handeln zu ziehen. Dazu braucht der kreative Denker Wissensvoraussetzungen, auch wenn sich seine Kreativität niemals in diesen Voraussetzungen erschöpfen wird. Wer denkend kombinieren will, muß auch viel kombinieren können, muß also über ein reiches Grundlagenwissen verfügen. Es genügt nicht, zu wissen, wo nachzuschlagen ist, oder im Internet zu surfen. Solche Zusammenhänge entziehen sich der neuen Doktrin, der kürzeren, schnelleren, vermeintlich besseren Vermittlung, wie sie etwa in der Verkürzung der Gymnasialzeit zum Ausdruck kommt. Gleichzeitig nimmt das allgemeine Wissen ausgerechnet in einer Zeit, da das Wissen so leicht zugänglich ist wie nie zuvor, rasant ab. Der durchschnittliche Studienabsolvent mit höherer Begabung hat zwar unzählige Praktika im Ausland absolviert und ist einigermaßen polyglott, doch er kennt nicht die einfachsten historischen oder geistesgeschichtlichen Zusammenhänge. Zuweilen scheinen die Auslandsaufenthalte geradezu spurlos an ihm vorübergegangen zu sein und nur zur eindrucksvollen Staffage eines Werdegangs zu werden.

Bildungsprozesse eignen sich nicht für Instant-Verfahren. Bildung unterschied sich von Unbildung immer in jener reflexiven Distanz, von der die moderne Wissensgesellschaft erschreckend wenig besitzt. Der Wille zur Bildung ist der Entschluß zur eigenen Urteilskraft. Die Frage, wie Eliten entstehen, die ihre Verantwortung wahrnehmen, ist in erster Linie eine Frage an das Bildungssystem, in zweiter Linie eine Aufgabe der Institutionen, die Weltsichten, Deutungsangebote und Einstellungsmuster vermitteln, wie Familien, Kirchen, Medien. Keine dieser Institutionen wird in einem System pluraler Eliten jedoch als Leitinstanz wirken können, weil sie alle keine tragende Rolle in der Gesellschaft übernehmen können. Deshalb gibt es auch keine vernünftigen Gründe, die Vermittlung von Orientierungen einer dieser Institutionen allein zu überantworten. Sie alle werden die Förderung von Eliten auf ihre je eigene Weise wahrnehmen und die Gesellschaft dadurch bereichern, wenn sie sich ihr gegenüber verantwortlich fühlen.

Zur Verantwortung bereit

Da es inzwischen üblich geworden ist, mit dem Appell an die Verantwortung viel Mißbrauch zu treiben, gilt es für die betroffenen Individuen, auch Verantwortlichkeiten zu unterscheiden und zu gewichten. Es gehört zum Erfolgsgeheimnis aller großen Unternehmen, das Verantwortungsgefühl der einzelnen so in Anspruch zu nehmen und ihnen so viele Freiräume etwa in der Arbeitszeitgestaltung zuzugestehen, daß sich diese für alles verantwortlich fühlen und selbst bei Krankheit arbeiten wollen. Das Wort vom Präsentismus – im Gegensatz zur vorgeschobenen Krankheit beim

Absentismus – macht die Runde. Das führt zu neuen Krankheiten und gesundheitlichen Einbußen. Daher müssen Eliten auch genau über ihre jeweilige Verantwortungspflicht entscheiden und im Zweifelsfall eher dafür sorgen, daß ihre Leistungsfähigkeit erhalten bleibt, als den wirklichen oder vermuteten Anforderungen eines Arbeitgebers um jeden Preis zu genügen.

Die Aufgabe, sich umfassend zu bilden, kann immer weniger den etablierten Bildungsinstitutionen überlassen werden. Sie bleibt die Pflicht jedes einzelnen, der dafür mehr Eigeninitiative braucht und die Aufgabe hat, seine Talente auszuschöpfen. Gerade Eliten sind auf Bildung angewiesen, allerdings nicht im Sinne des modernen Wissensmanagements, sondern im Sinne des reformatorisch-humanistischen Bildungsbegriffs der Persönlichkeitsbildung, der weit mehr als intellektuelle Fähigkeiten umfaßt. Eliten müssen vor allem über eine ausreichende historische Bildung verfügen. Nur gebildete Eliten erkennen rechtzeitig, wie alt das vermeintlich Neue zuweilen ist, das ihnen zur eiligen Reform empfohlen wird. Was alle wüßten, werde von allen vergessen, hat Nietzsche mit sicherem Blick festgestellt. Es gehört zu den Paradoxien der modernen Wissensgesellschaft, daß die Erinnerung an das schon Dagewesene vollkommen geschwunden zu sein scheint und damit eine eigentümliche historische Verdummung um sich greift, die zu einer der größten Gefährdungen des demokratischen Systems werden könnte. Denn sie macht anfällig für Ideologien und Bauernfänger. Viele scheinen weder ein Gedächtnis noch ein Verhältnis zu sich selbst und deshalb auch kein Verhältnis zu ihren Mitbürgern zu haben. «Wahre Bildung zur Humanität fordert Vielseitigkeit und Überblick, etwas Polyhistorisches, was den Gelehrten im höheren Sinne auszeichnet.» Dieser höhere Gelehrte bringt in seinem Kopf die «entferntesten Enden menschlichen Wissens zusammen», deshalb werden «Geister ersten Ranges ... niemals Fachgelehrte sein», hat Schopenhauer gemeint.[4] Dazu gehört auch religiöse Bildung. Jeder besitzt die Freiheit, zu glauben oder nicht zu glauben. Aber es zeugt von einiger Beschränktheit, mit religiöser Unbildung zu kokettieren.

Selbst die Kirchen, die ihr Monopol als Moralagenturen längst eingebüßt haben, leben längst nicht mehr von moralischer Indoktrination, sondern von der Erinnerung an religiöse Traditionen und deren Überlieferung, die sich schon aus kulturgeschichtlichen Gründen empfiehlt. Das neue Interesse an Religion hat vermutlich weniger mit der Sehnsucht nach Selbsterlösung zu tun, als mit einer unter vielen Möglichkeiten, sich über Verantwortungsbereitschaft zu verständigen, sich seiner selbst zu vergewissern und seine Grenzen zu kennen und zu zeigen. Auch freiheitliche Gesellschaften sind darauf angewiesen, ihre religiöse Tradition zu pflegen, das hat sich am Zusammenbruch der DDR gezeigt. Den Zusammenhang zwischen einer offenen, pluralistischen Gesellschaft und freiheitlicher Religion haben in den vergangenen Jahren nicht nur die konservativen Theoretiker einer Zivilreligion gefordert, sondern zunehmend auch religionskritische Diskursethiker wie Jürgen Habermas. Jedenfalls hat Habermas Ende der achtziger Jahre zum Erstaunen der Öffentlichkeit erklärt, es sei wohl nicht mehr möglich, daß «wir als Europäer Begriffe wie Moralität und Sittlichkeit, Person und Individualität, Freiheit und Emanzipation» ernstlich verstehen könnten, ohne «uns die Substanz heilsgeschichtlichen Denkens jüdisch-christlicher Herkunft anzueignen.»[5]

Bildung muß im Idealfall dazu befähigen, ein zweckfreies, zusammenhängendes und inhaltlich von den großen Traditionen der Geistes- und Kulturgeschichte gespeistes Wissen zu entwickeln, das nicht nur befähigt, einen eigenständigen Charakter zu bilden, sondern auch frei macht von den Diktaten der Denkmoden. So erscheint die Verabschiedung des Bildungsbegriffs aus den Bildungsinstitutionen wie eine planvolle Erziehung zur Unmündigkeit. Ein sprechendes Beispiel dafür sind die sogenannten Bildungsstandards. Bildung standardisieren zu wollen ist ein Widerspruch in sich, es könnte sich höchstens um Leistungs- oder Wissensstandards handeln. Bildungsstandards setzen die Norm durch, statt auf Individualität zu setzen. Wahrhaft Gebildete sind aber nicht jene mobilen, pflegeleichten, reibungslos funktionierenden Klone eines Bildungsprozesses, sondern Individualitäten mit Ecken und Kanten, die das flüchtige Stückwerkwissen durchschauen, während notorische Konformisten wie charakterlose Menschen ohne Eigensinn erscheinen und ohne innere Substanz auskommen.

Eliten müssen die Fähigkeit besitzen, in Systemen und Zusammenhängen zu denken und auf die gesamte Gesellschaft Einfluß zu nehmen. Zuweilen sind für diese Aufgabe bestimmte Führungspositionen von Vorteil, aber sie sind nicht die Bedingung für ihr Wirken. Künstler, Kulturschaffende, kreative Köpfe gehören zu keiner funktionalen Elite. Aber sind sie nicht diejenigen, denen die Gesellschaft entscheidende Impulse zu verdanken hat? Wichtiger als Funktionen und Positionen sind Überzeugungsfähigkeit, Argumentationskunst, sprachliches Differenzierungsvermögen, die Fähigkeit, genau hinzuhören, persönliche Integrität, die Bereitschaft, für eine Überzeugung öffentlich einzutreten und sie auch denen plausibel zu machen, die möglicherweise intellektuell unterlegen sind.

Eliten müssen bereit sein, Verantwortung auch für den kulturellen Transfer zu übernehmen, sie sollten die langfristigen Folgen ihres Handelns und Entscheidens bedenken und realistisch einschätzen und notfalls ihre eigenen Interessen zurückstellen können. Eliten können zwar nicht durch die bloße Nachahmung von Vorbildern entstehen, aber sie sollten selbst vorbildlich in ihren Haltungen und Eigenschaften und persönlich integer sein. Dazu gehört die wache Beobachtung der zeit- und gesellschaftsgeschichtlichen Entwicklungen, die vom Leben im Elfenbeinturm nicht zu leisten ist. Nur so lassen sich auch die ersten Anzeichen für Krisensituationen rechtzeitig erkennen, in denen Eliten gestaltend eingreifen müssen. Dazu brauchen sie eine rasche und treffende Auffassungsgabe, Weitsicht, Entscheidungskraft und ein umfassendes Verantwortungs- und Pflichtbewußtsein, Eigenschaften, die nicht ohne Entbehrungen aufrechtzuerhalten sind. Vor allem aber müssen Eliten sich immer bewußt bleiben, daß ihr Eingreifen im richtigen Moment und ihr auf eine Situation bezogener Einfluß sie nicht dazu berechtigt, sich weitere Machtbefugnisse anzumaßen.

Herkunft schafft Zukunft

Die homogenen Eliten in Frankreich wissen, worauf sie Wert legen müssen: Sie schaffen dadurch eine gemeinsame Identifikationsebene, daß sie auch Kindern die Eigentümlichkeiten ihrer Republik erfahrbar machen und sie in altersgerechter Weise mit ihrer eigenen Geschichte vertraut machen. Denn sie wissen, daß aus historischem Bewußtsein auch ein Verhältnis zu sich selbst entsteht. Französische Kinder erfahren die Begeisterung ihrer Erzieher für das eigene Land, aller Kritik zum Trotz. Das wichtigste Ziel der École Maternelle bleibt deshalb: *former les futurs citoyens,* künftige Staatsbürger heranzubilden. Dazu gehört eine gezielte Sprachschulung. Mit Gefügigmachen hat das nichts zu tun, wohl aber mit der Integration jedes einzelnen in die Gesellschaft, ganz gleich welcher Herkunft. Zumindest in Frankreich scheint der Zusammenhang zwischen Sprache, Kultur, Bewußtsein für die eigene Geschichte und Reflexionsvermögen (cartesisches Denken) gegenwärtig zu sein, der sich dann in den Elite-Hochschulen (Grandes Écoles) verstärkt. Dazu fehlt in Deutschland aus geschichtlichen Gründen leider der Mut. Während die Franzosen zu wissen scheinen, daß auch *global players* über eine ausgeprägte nationale Identität verfügen müssen, ergreift in Deutschland das allgemeine Gefasel von Internationalisierung und Globalisierung alle von der Wissenschaft bis zur Wirtschaft und läßt sie in vorauseilendem Gehorsam vergessen, daß die Europäische Union den Staaten die Wahrung ihrer nationalen Eigenheiten ausdrücklich gewährt, wenn nicht sogar empfiehlt. Doch die vergessen Deutsche lieber, weil sie sie vermutlich nicht einmal genau kennen.

Der Englischzwang in den wissenschaftlichen Wettbewerben ist nur ein Beispiel für den wachsenden kulturellen Heimatverlust, der sich immer zuerst in der Sprache zeigt. Viele Naturwissenschaftler beweisen schon jetzt, daß sie das deutsche Wort für ihren englischen Fachbegriff nicht mehr kennen, es wird dann auch unweigerlich aus der Sprache verschwinden. Durch seine Académie Française hat Frankreich das Eindringen von Anglizismen nicht

ganz verhindern, aber doch eindämmen können. Die Freude an
der eigenen Sprache ist dort bis heute zu spüren, während Deutsche immer wieder die Erfahrung machen, daß ihre Sprache und
sie selbst im Ausland mit ihrer Geschichte in Verbindung gebracht
werden, und sich schämen. Das fördert die Distanz zum eigenen
Land und führt nicht selten zu einem gebrochenen Verhältnis
zur eigenen Herkunft. Kinder spüren die weitverbreitete Distanz
Erwachsener zur Tagespolitik und zum aktuellen Geschehen sowie
deren Unzufriedenheit mit dem eigenen Leben genau.

Integration als Chance

Diesen Eindruck bestätigen auch die Stipendiaten des Start-Pro-
gramms der Gemeinnützigen Hertie-Stiftung für begabte ausländische Schüler. Neben einer materiellen Förderung von hundert
Euro Bildungsgeld im Monat und einer Computerausstattung mit
Internetanschluß werden die Stipendiaten (es sind inzwischen 460
aus 65 Herkunftsländern) mit Bildungsseminaren, Stipendiaten-
treffen und Kooperationsveranstaltungen mit Unternehmen aus
der Wirtschaft gefördert. Sie müssen sich durch gesellschaftliches
Engagement, aktive Teilnahme an den Aktivitäten der Stiftung und
besonders gute schulische Leistungen auszeichnen. Alle sechs
Monate haben sie einen Bericht über die erzielten Fortschritte zu
schreiben. Gegründet wurde das Stipendienprogramm 2002 und
zunächst in Hessen in den Ballungsräumen mit hohem Auslän-
deranteil erprobt. Inzwischen sind neunzig weitere Stiftungen oder
Privatinitiativen und vierzehn Bundesländer daran beteiligt. Moj-
taba, ein achtzehn Jahre alter Afghane, der 1998 mit einer befriste-
ten Aufenthaltsgenehmigung ohne seine Eltern nach Hamburg
kam, schätzt Deutschland wegen seiner Demokratie, wegen der
Freiheiten, der Gleichberechtigung und der Toleranz.[6] Es ist beein-
druckend, wie stark sich gerade die Jugendlichen aus Ländern mit
politischer Verfolgung und Kriegswirren mit dem freiheitlich-demokratischen Rechtsstaat identifizieren und wie entschlossen sie
sind, ihn auch zu verteidigen.

Das Start-Stipendienprogramm soll nach den Plänen der Stiftung um die Unterstützung ausländischer Lehramtsanwärter und um eine frühkindliche Förderung erweitert werden, die es ausländischen Kindern erlaubt, rechtzeitig Deutsch zu lernen und mit deutscher Kultur vertraut zu werden. Gelänge es immer mehr ausländischen Jugendlichen, sich mit ihrem Gastland zu identifizieren und aus ihrer doppelten Identität und Herkunftsgeschichte jene Einsicht zu gewinnen, die man neudeutsch als «interkulturelle Kompetenz» bezeichnet, wäre ein wesentlicher Schritt zur Integration getan. Denn diejenigen, die es geschafft haben, wären ein Ansporn für diejenigen, die sich verweigern oder resigniert haben. Wie sich diese jungen Einwanderer weiter entwickeln, läßt sich so wenig voraussagen wie die Zukunft anderer Begabter auch.

Eine Gesellschaft tut gut daran, allen die Möglichkeit zu geben, sich ihren Anlagen entsprechend zu entfalten, das gilt ganz unabhängig davon, ob sie elitefähig sind oder nicht. Eliten lassen sich nicht am Reißbrett planen, weil es sich um Biographien und individuelle Gaben handelt. Aber es läßt sich ein Rahmen schaffen, der ihnen die besten Entfaltungsmöglichkeiten bietet. Dazu gehören Zeit, Muße und Freiheit. Eliten lassen sich weder planen noch in ihrer Entwicklung berechnen. Das gilt selbst für ihre spätere Begabung. Niemand kann verpflichtet werden, seine Begabung in einer bestimmten Weise einzusetzen, niemand kann für eine bestimmte Aufgabe verplant werden. Im Idealfall werden Eliten sich aber selbst verpflichtet fühlen, ihre Begabungen auszuschöpfen und die Gesellschaft zu bereichern. Wenn der Zustand der Eliten tatsächlich Rückschlüsse auf die Qualität der Demokratie zuläßt, dann müßte die Gesellschaft eines freiheitlich-demokratischen Rechtsstaats ihre Eliten mit wachen Augen beobachten. Denn es waren nie allein die Eliten, die ihren Niedergang durch ihr eigenes Versagen besiegelten, sondern sie haben im eigenen Niedergang immer auch den Abstieg der Gesellschaft verursacht, die sie hervorgebracht hat. Mut zur Demokratie bedeutet deshalb Mut zu ihren Eliten.

Anmerkungen

1. Elite – ein Kampfbegriff

1 Arnold Gehlen, «Das Elitenproblem» (1958), Gesamtausgabe, Bd. 7, Frankfurt am Main 1978, S. 105–109.

2 Hans-Ulrich Wehler, *Deutsche Gesellschaftsgeschichte, Vierter Band. Vom Beginn des Ersten Weltkriegs bis zur Gründung der beiden deutschen Staaten 1914–1949*, zweite Auflage, München 2003, S. 789.

3 Vgl. Bernd-A. Rusinek, *Deutsche Eliten im 20. Jahrhundert*, in: *Die neuen Eliten, Kursbuch 139*, Berlin 2000, S. 31–44.

4 Denis Diderot, *Encyclopédie*, Bd. 5, Paris 1755, Artikel «élite»: *«signifie ce qu'il y a de meilleur ou de plus parfait dans chacque espece de machandises. On dit des soies, des fils, des draps d'élite sont toujours plus cheres que les autres. Il a été transporté de-là à d'autres usages, & l'on dit aussi des homes d'élite, &c.»*

5 Malte Herwig, *Eliten in einer egalitären Welt*, Berlin 2005, S. 38.

6 Antoine Furetière, *Dictionnaire Universel*, 1690, Artikel «élite»: *«Choix, ce qu'il a de meilleur en chaque chose. Je ne veux point de sa merchandise, après qu'un autre en a eu l'élite. On dit aussi, l'élite de la jeunesse, l'élite de l'armée. Il n'y avoit que des gens d'élite en cette Assemblée, des gens de merite&de consideration.»*

7 *Dictionnaire de l'Académie Française*, revu, corrigé et augmenté par l'Académie elle-même. Cinquième edition. Bd. 1, Paris 1813 «élite», S. 476.

8 Heinrich Campe, *Wörterbuch der Erklärung und Verdeutschung der unserer Sprache aufgedrungenen fremden Ausdrücke*, Hamburg 1801, S. 325.

9 Tom B. Bottomore, *Elite und Gesellschaft. Eine Übersicht über die Entwicklung des Eliteproblems*, München 1966.

10 Otto Ladendorf, *Historisches Schlagwörterbuch* (1906), Hildesheim 1968, S. 11, 46, 99 (alle deutschen Belege des neunzehnten Jahrhunderts finden sich hier).

11 Hans-Ulrich Wehler, *Deutsche Gesellschaftsgeschichte 1849–1914, Dritter Band. Von der «Deutschen Doppelrevolution» bis zum Beginn des Ersten Weltkriegs 1849–1914*, München 1995, S. 115.

12 Ebd., S. 141 und 771 ff.

13 Gustave Le Bon, *Psychologie des Foules*, Paris 1895; *Psychologie der Massen*, Stuttgart 1964, S. 83 ff.

14 Gaetano Mosca entwickelt seine Theorie in dem 1896 veröffentlichten und 1923 in einer erweiterten Ausgabe vorgelegten Werk *Elementi di Sczienza Politica* (Die herrschende Klasse, Bern 1950 – um zwei Kapitel erweiterte zweite Auflage).

15 Vilfredo Pareto veröffentlichte 1916 seinen *Trattato di sociologia generale* (System der allgemeinen Soziologie, Stuttgart 1962).

16 Pareto, S. 224, § 2042.

17 Herfried Münkler, *Werte, Status, Leistung. Über die Probleme der Sozialwissenschaften mit der Definition von Eliten*, in: *Kursbuch, Die neuen Eliten*, S. 76 ff., und Münkler, Straßenberger, Bohlender (Hg.), *Deutschlands Eliten im Wandel*, Frankfurt am Main 2006, S. 35.

18 Michael Hartmann, *Elitesoziologie*, Frankfurt am Main / New York 2004, S. 39).

19 Robert Michels, *Zur Soziologie des Parteiwesens in der modernen Demokratie. Untersuchungen über die oligarchischen Tendenzen des Gruppenlebens*, Leipzig, 1911, S. 364.

20 Karl Mannheim, *Mensch und Gesellschaft im Zeitalter des Umbaus*. Erweiterte Auflage. Bad Homburg v. d. H., 1967, S. 120 ff.

21 Michael Hartmann, *Aus gutem Stall. Das Elitebewußtsein der deutschen Spitzenmanager*, in: *Kursbuch 139: Die neuen Eliten*, Berlin 2000, S. 97–109. Ders. und Johannes Kopp, *Elitenselektion durch Bildung oder durch Herkunft*, in: *Kölner Zeitschrift für Soziologie und Sozialpsychologie*, 53. Jahrgang, September 2001, S. 436–466.

22 Max Weber, *Zur Politik im Weltkrieg, Schriften und Reden 1914–1918*, Tübingen 1988, darin: *Parlament und Regierung im neugeordneten Deutschland*, S. 202–302.

23 Ders., *Wahlrecht und Demokratie in Deutschland*, in: *Gesammelte politische Schriften 1958*, S. 233–279.

24 Michael Salewski, *Versagen der Eliten im Kaiserreich? Zu einem historischen Stereotyp*. In: Gabriel, Neuss, Rüther (Hg.), *Eliten in Deutschland. Bedeutung. Macht. Verantwortung*. Bundeszentrale für politische Bildung, Bonn 2006, S. 171–188, hier S. 181 ff.

25 Vgl. dazu Salewski, a. a. O., S. 185.

26 Otto Fürst von Bismarck, *Erinnerung und Gedanke*, Stuttgart / Berlin 1919, S. 157.

27 Heinz Reif, *Die Junker*, in: Etienne François und Hagen Schulze (Hg.), *Deutsche Erinnerungsorte*, Band I, München 2001, S. 522.

28 Michael Kißener, *Versagen – überall? Gesellschaftliche Eliten zwischen Weimarer Demokratie und nationalsozialistischer Diktatur*, in: Gabriel / Neuss / Rüther (Hg.), *Eliten in Deutschland. Bedeutung. Macht.Verantwortung*. Bundeszentrale für politische Bildung, Bonn 2006, S. 189–202.

29 Vgl. Herfried Münkler, *Macht und Ohnmacht der Eliten: Historische und politische Perspektiven*, in: Münkler, Straßenberger, Bohlender (Hg.), *Deutschlands Eliten im Wandel*, Frankfurt am Main 2006, S. 28.

30 Vgl. Harald Bluhm, Grit Straßenberger, *Elitedebatten in der Bundesrepublik*, in: Münkler, Straßenberger, Bohlender, *Deutschlands Eliten im Wandel*, Frankfurt am Main 2006, S. 125–145, S. 126.

31 Vgl. Hans-Ulrich Wehler, *Deutsche Gesellschaftsgeschichte. Vierter Band: Vom Beginn des Ersten Weltkriegs bis zur Gründung der beiden deutschen Staaten 1914–1949*, zweite Auflage, München 2003, S. 774 f.

32 Gerhard Schröder, *Elitebildung und soziale Verpflichtung*. Schriftenreihe der Bundeszentrale für Heimatdienst, H. 12, Bonn 1955, S. 19.

33 Helmut Schelsky, *Die Arbeit tun die anderen. Klassenkampf und Priesterherrschaft der Intellektuellen* (1975), München 1977, S. 168: Durch die Massenuniversität und die Bildungsexpansion, so schreibt Schelsky, sei «ein normatives Führungsvakuum in unserer Gesellschaft entstanden, das nur deshalb nicht offensichtlicher wird, weil die funktional unentbehrlichen wissenschaftlichen Ausbildungsberufe sich nicht nur des Bildungsprestiges, sondern auch des normativen Führungsanspruches des Bildungsbürgertums in vorgetäuschter Tradition bemächtigen. ‹Ausbildung› wird kritiklos zur ‹Bildung› erklärt.»

34 Wissenschaftsrat (Hg.), *Empfehlung zur Förderung besonders Befähigter*, Berlin 1981.

35 Elite oder Avantgarde? *Jacob Taubes im Gespräch mit Wolfert von Rahden und Norbert Kapferer*, in: Tumult 4, 1982, S. 64–76, hier: S. 66.

36 Vgl. Herfried Münkler, *Macht und Ohnmacht der Eliten: Historische und politische Perspektiven*, in: Münkler, Straßenberger, Bohlender (Hg.), *Deutschlands Eliten im Wandel*, Frankfurt am Main 2006, S. 29.

2. Erziehung für die Polis: Elite in der Antike

1 Henri Irénée Marrou, *Geschichte der Erziehung im klassischen Altertum*, (Histoire de l'éducation dans l'antiquité, Paris 1948), 7. Auflage, München 1977, S. 434.

 2 Vgl. dazu Christa Krumeich, *Spätantike*, in: Johannes Christes, Richard Klein, Christoph Lüth (Hrsg.), *Handbuch der Erziehung und Bildung in der Antike*, Wissenschaftliche Buchgesellschaft, Darmstadt 2006, S. 111–123.

 3 Alexander Demandt, *Die Spätantike, Römische Geschichte von Diocletian bis Justinian 284–565 n. Chr.*, 2. Auflage, München 2007, S. 472.

 4 Andreas Goltz, *Gelehrte Barbaren? Antike Bildung und germanische Oberschicht in der Spätantike*, in: Gelehrte in der Antike, Alexander Demandt zum 65. Geburtstag. Hg. von Andreas Goltz, Andreas Luther und Heinrich Schlange-Schöningen, Köln / Weimar / Wien 2002, S. 297–316, S. 299.

 5 Vgl. Wolfgang Schadewaldt, *Humanitas Romana*, in: *Aufstieg und Niedergang der römischen Welt* (ANRW) I 4, 1973, S. 43–62.

 6 Cicero, *De oratore.* Über den Redner I, 20. S. 48–73. Lateinisch-deutsch, herausgegeben und übersetzt von Theodor Nüßlein, Düsseldorf 2007, S. 16 ff.

 7 Goltz, *Gelehrte Barbaren? Antike Bildung und germanische Oberschicht in der Spätantike*, in: Gelehrte in der Antike, Alexander Demandt zum 65. Geburtstag. Hg. von Andreas Goltz, Andreas Luther und Heinrich Schlange-Schöningen, Köln / Weimar / Wien 2002, S. 305.

 8 Ebd., S. 305.

 9 Werner Eck, *Elite und Leitbilder in der römischen Kaiserzeit*, in: Jürgen Dummer und Meinolf Vielberg (Hg.), *Leitbilder der Spätantike – Eliten und Leitbilder, Interdisziplinäre Studien zur Antike und zu ihrem Nachleben*, Bd. 1, Stuttgart 1999, S. 31–55, hier S. 39.

10 Ebd., S. 47.

11 Gaius Plinius Caecilius Secundus, *Epistularum Libri Decem*, Lateinisch-deutsch, Hg. Helmut Kasten, Zürich 1995, hier: Siebentes Buch, Brief 29, 2, S. 425.

12 Ebd., Achtes Buch, Brief 6,1, S. 443.

13 Ebd., Achtes Buch, Brief 6, 14.15, S. 447 ff.

14 Henri Irénée Marrou, *Geschichte der Erziehung im klassischen Altertum* (Histoire de l'éducation dans l'antiquité, Paris 1948), 7. Auflage, München 1977, S. 197.

15 Ebd., S. 48. Vgl. dazu auch Jacob Burckhardt, Griechische Kulturgeschichte, München 1977, Bd. 4, S. 59 ff.

16 Friedrich Nietzsche, *Werke*, hg. von Karl Schlechta, 5. Auflage, München / Wien 1966, Bd. III, S. 295 ff. Vor Nietzsche hatte Kierkegaard gemeint, das Scherbengericht in Griechenland sei Ausdruck für den Neid gewesen – «eine Art Notwehr des Gleichgewichts gegen das Ausgezeichnete», vgl. Sören Kierkegaard, *Eine literarische Anzeige.* Gesammelte Werke, hg. v. E. Hirsch / H. Gerdes / H. M. Jungehans, Düsseldorf / Köln 1950 ff., 17. Abteilung, S. 88.

17 Pindar, *Siegeslieder.* Übersetzt von Uvo Hölscher, hg. von Thomas Poiss, Mün-

chen 2002, S. 43 und 141. Vgl. zum Aufbau der Epinikien: Albrecht Dihle, *Griechische Literaturgeschichte. Von Homer bis zum Hellenismus*, 3. Auflage, München 1998, S. 85 ff.

18 Henri Irénée Marrou, *Geschichte der Erziehung im klassischen Altertum*, (Histoire de l'éducation dans l'antiquité, Paris 1948), 7. Auflage, München 1977, S. 191.

19 Euripides, *Helena*. Herausgegeben und erklärt von Richard Kannicht, Bd. I (Einleitung und Text) und Bd. II (Kommentar), Heidelberg 1969, hier Bd. I, V.728 ff., S. 157.

20 Vgl. Euripides, *Helena*. Bd II, S. 208 f.

21 Vgl. dazu Christoph Lüth, *Griechenland*, in: Johannes Christes, Richard Klein, Christoph Lüth (Hrsg.), *Handbuch der Erziehung und Bildung in der Antike*, Wissenschaftliche Buchgesellschaft, Darmstadt 2006, S. 125–135, S. 127.

22 Platon, *Der Staat*. Übersetzt von Rudolf Rufener, Einleitung, Erläuterungen, Inhaltsübersicht und Literaturhinweise von Thomas Alexander Szlezák, Düsseldorf / Zürich 2003, S. 455.

23 Vgl. ebd., S. 492.

24 Ebd., 521 c6, S. 295.

25 Ebd., Buch VIII und IX, S. 328 ff. Szlezák verweist außerdem darauf, daß Platons Seelenlehre insofern eine ungeahnte Breitenwirkung erlangte, als sich die dreiteilige Struktur der Seele selbst bei Sigmund Freuds «Das Ich und das Es» (1923) wiederfindet.

26 Vgl. dazu auch Arbogast Schmitt, *Die Moderne und Platon*, Stuttgart 2003, S. 516 ff.

27 Platon, *Der Staat*. Übersetzt von Rudolf Rufener, Einleitung, Erläuterungen, Inhaltsübersicht und Literaturhinweise von Thomas Alexander Szlezák, Düsseldorf / Zürich 2003, 611e2, S. 430.

28 Ebd., 473 c-d, S. 229.

29 Karl Popper, *Die offene Gesellschaft und ihre Feinde*, Bd. I, *Der Zauber Platons*, 7. Auflage, Bern 1992, S. 86 ff.

30 Karl R. Popper, *Auf der Suche nach einer besseren Welt. Vorträge und Aufsätze aus dreißig Jahren*, München / Zürich, Fünfte Auflage 1990, S. 252.

31 Robert Michels, *Zur Soziologie des Parteiwesens in der modernen Demokratie. Untersuchungen über die oligarchischen Tendenzen des Gruppenlebens*, Stuttgart 1957, S. 377.

32 *Elite oder Avantgarde? Jacob Taubes im Gespräch mit Wolfert von Rahden und Norbert Kapferer*, in: Tumult 4, 1982, S. 64–76, hier S. 75.

33 Ebd., S. 70.

34 Friedrich Nietzsche, *Werke*, hg. Von Karl Schlechta, 5. Auflage, München / Wien 1966, Bd. VI, S. 528.

35 *Elite oder Avantgarde? Jacob Taubes im Gespräch mit Wolfert von Rahden und Norbert Kapferer*, in: Tumult 4, 1982, S. 64–76, hier S. 73.

36 Ebd.

37 Friedrich Nietzsche, *Werke*, hg. Von Karl Schlechta, 5. Auflage, München / Wien 1966, Bd. VI, S. 667.

38 Vgl. Alexander Demandt, *Dekadenz als Mythos, Modell und Metapher*, in: Karl Heinz Bohrer / Kurt Scheel (Hg.), *Kein Wille zur Macht. Dekadenz*. Merkur Doppelheft 9 / 10, 2007, S. 709 bis 719, hier S. 714 ff. zum klassischen Dekadenzmodell.

39 Vgl. dazu Josef Leonhard Blass, *Die Frage nach dem Ende der Bildung*, in: *Bil-*

dungstradition und moderne Gesellschaft: Zur Neuorientierung erziehungswissenschaftlichen Denkens: Hans-Hermann Groothoff zum 60. Geburtstag; hg. von Josef Leonhard Blaß, Liesel-Lotte Herkenrath, Edgar Reimers und Karlwilhelm Stratmann, Hannover 1975, S. 351–364, hier S. 359.

40 Vgl. Andreas Urs Sommer, *Exzellenz und Erwählung. Eine theologisch-politische Skizze,* in: *Gegenworte,* Berlin-Brandenburgische Akademie der Wissenschaften. Hg. von Günter Stock, H. 17, 2007, S. 67.

41 *Elite oder Avantgarde? Jacob Taubes im Gespräch mit Wolfert von Rahden und Norbert Kapferer,* in: *Tumult* 4, 1982, S. 64–76, hier S. 71.

42 Ebd., S. 65, und Friedrich Hölderlin, *Werke und Briefe,* Hg. von F. Beißner und J. Schmidt, Frankfurt am Main 1969, Bd. 2, S. 648 f.

43 Origenes, *Contra Celsum,* 7,41–44 Bibliothek der Kirchenväter (BKV).

44 Origenes III, aus dem Griechischen übersetzt von Paul Koetschau, München 1926/27, S. 261–267.

3. Protestantische Mündigkeit und Humanismus

1 Aleida Assmann, *Arbeit am nationalen Gedächtnis, Eine kurze Geschichte der deutschen Bildungsidee,* 1993, S. 21.

2 Reinhard Staats, *Der Ursprung des Wortes «Bildung» und die Wissenschaftsethik Adolf von Harnacks,* in: *Theologische Literaturzeitung* (ThLZ) 127, 2002, S. 592–608. Staats sieht den Bildungsbegriff zum ersten Mal bei Klopstock im heutigen Sinne verwendet. Wichtiger als die strittige Etymologie ist jedoch die prozeßhafte, teleologische Konzeption von Bildung, die sowohl bei Meister Eckhart als auch bei Klopstock zugrunde liegt.

3 Zitiert nach Hans-Rüdiger Schwab, *Philipp Melanchthon. Der Lehrer Deutschlands. Ein biographisches Lesebuch,* 1997, S. 32. Vgl. Philipp Melanchthon, *De corrigendis adolescentiae studiis* (1518), in: *Melanchthon Werke, Bd. III, Humanistische Schriften,* Hg. Von R. Nürnberger, 1961, S. 29–42, hier S. 40.

4 Ebd., S. 39.

5 Friedrich Daniel Ernst Schleiermacher, *Monologen.* Eine Neujahrsgabe in: Ders., Schriften aus der Berliner Zeit. 1800–1802, hg. von G. Meckenstock, KGA I/3, 1988, S. 1–61, S. 21 f.

6 Max Scheler, *Die Formen des Wissens und die Bildung* (Vortrag, gehalten zum zehnjährigen Stiftungsfest der Lessing-Akademie in Berlin), 1925, S. 27. Scheler nimmt damit indirekt Bezug auf Nietzsches Formulierung, der moderne Mensch schleppe zuletzt eine ungeheure Menge von unverdaulichen Wissenssteinen mit sich herum, die dann bei Gelegenheit auch ordentlich im Leibe rumpele (Unzeitgemäße Betrachtungen).

7 Friedrich Daniel Ernst Schleiermacher, *Über die Religion. Reden an die Gebildeten unter ihren Verächtern,* in: Ders., Schriften aus der Berliner Zeit. 1796–1799, hg. von G. Meckenstock, KGA I/2, 1984, S. 185–326, S. 251.

8 Beide Zitate in Schleiermacher, *Monologen. Eine Neujahrsgabe,* in: *Ders, Schriften aus der Berliner Zeit, 1800–1802,* hg. von G. Meckenstock, KGA I/3, 1988, S. 1–61, S. 34.

9 Friedrich Daniel Ernst Schleiermacher, *Über die Religion. Reden an die Gebildeten unter ihren Verächtern,* in: Ders., Schriften aus der Berliner Zeit. 1796–1799, hg. von G. Meckenstock, KGA I/2, 1984, S. 185–326, S. 252.

10 Max Weber, *Gesammelte Aufsätze zur Religionssoziologie,* Band 1, Tübingen 1920, S. 17–206.

11 Friedrich Wilhelm Graf, *Die Religion des Berufsmenschen*, in: *Junge Eliten: Selbständigkeit als Beruf*. Hg. von Heinz Bude und Stephan Schleissing, Stuttgart / Berlin / Köln 1997, S. 95–107, S. 98.

12 Georg Friedrich Wilhelm Hegel, *Rechts-, Pflichten- und Religionslehre für die Unterklasse* (1810 ff.), in: Ders., *Werke in 20 Bänden, Bd. 4: Nürnberger und Heidelberger Schriften 1808–1817*, Frankfurt am Main 1986, S. 204–274, S. 262 f.

13 Arnold Gehlen, «*Das Elitenproblem*» (1958), *Gesamtausgabe, Bd. 7*, Frankfurt am Main 1978, S. 108: «Ein Eliteanspruch muß also stets durch eine Askeseforderung legitimiert sein, oder er dringt nicht durch.»

14 Ebd., S. 108.

15 Vgl. die autobiographischen Kindheitserinnerungen hochbegabter Erwachsener, zitiert bei: Andrea Brackmann, *Ganz normal hochbegabt. Leben als hochbegabter Erwachsener*, Stuttgart 2007, S. 27–151.

16 Kurt Nowak, *Protestantische Eliten* (1870/71– 1918), in: *Eliten in Deutschland und Frankreich im 19. und 20. Jahrhundert. Strukturen und Beziehungen, Bd. 2*, im Auftrag des Deutsch-Französischen Historikerkomitees hg. von Louis Dupeux, Rainer Hudemann und Franz Knipping, München 1996, S. 159.

17 Hans-Ulrich Wehler, *Deutsche Gesellschaftsgeschichte. Dritter Band: Von der «Deutschen Doppelrevolution» bis zum Beginn des Ersten Weltkrieges 1849–1914*, München 1995, S. 394.

18 Vgl. ebd., S. 167 f.; Friedrich Julius Stahl, *Rechtsphilosophie II/2*, 3. Auflage 1856, S. 112.

19 Vgl. Hans-Ulrich Wehler, *Deutsche Gesellschaftsgeschichte. Dritter Band: Von der «Deutschen Doppelrevolution» bis zum Beginn des Ersten Weltkrieges 1849–1914*, München 1995, S. 171 f. und S. 823 f.

20 Ebd., S. 808.

21 Ebd., S. 819.

22 Ebd., S. 821.

23 Zitiert ebd., S. 825.

24 Wilhelm von Humboldt, *Theorie der Bildung des Menschen*. In: Werke, Bd. I, S. 235.

25 Wilhelm von Humboldts *Gesammelte Schriften*, GS XIV, Berlin 1903–1936, S. 154 f.

26 Ebd., S. 156.

27 Vgl. Manfred Fuhrmann, *Der europäische Bildungskanon des bürgerlichen Zeitalters*, Frankfurt am Main 1999.

28 Vgl. Dieter Langewiesche, *Bildungsbürgertum und Liberalismus im 19. Jahrhundert*, in: *Industrielle Welt*, Schriftenreihe des Arbeitskreises für moderne Sozialgeschichte. Hg. von Reinhart Koselleck und M. Rainer Lepsius, Bd. 48: *Bildungsbürgertum im 19. Jahrhundert, Teil IV: Politischer Einfluß und gesellschaftliche Formation*, Hg. von Jürgen Kochka, Stuttgart 1989, S. 95–121, hier S. 100.

29 Ebd., S. 113.

30 Ludwig Bamberger, *Schriften*, Band V, Berlin 1897, S. 39–147, hier S. 82.

31 Ernst Troeltsch, *Deutscher Geist und Westeuropa*, Tübingen 1925, Aalen 1966, beide Zitate S. 169 f.

32 Alfred Weber, *Ideen zur Staats- und Kultursoziologie*, Karlsruhe 1927, S. 104.

33 Konrad Paul Liessmann, *Theorie der Unbildung*, Wien 2006, S. 67.

34 Albert Klinz, *Möglichkeiten und Gesichtspunkte für die politische Erziehung im altsprachlichen Unterricht*, in: *Das Studienseminar*, Band 4, 1959, S. 43–53.

35 *Frankfurter Allgemeine Zeitung* (FAZ) vom 20. Juni 1972.

36 Werner Meincke, *Vorbereitende Überlegungen für eine Kollegen- und Elterninformation: «Warum heute noch Griechisch?»*, in: *MDAV Niedersachsen*, 2 und 3/ 1972, S. 27–31.

37 Vgl. dazu Stefan Kipf, *Altsprachlicher Unterricht in der Bundesrepublik Deutschland. Historische Entwicklung, didaktische Konzepte und methodische Grundfragen von der Nachkriegszeit bis zum Ende des 20. Jahrhunderts*, Bamberg 2006, S. 176 ff.

38 *Die Zeit* vom 6. April 1984.

39 Statistisches Bundesamt, *Latein erlebt Renaissance in Schulen*, Pressemitteilung Nr. 35 vom 4. September 2007.

4. Pseudo-Eliten an Exzellenz-Hochschulen

1 Vgl. zur Reformeuphorie Konrad Paul Liessmann, *Theorie der Unbildung*, Wien 2006, S. 160 ff.

2 Georg Picht, *Die deutsche Bildungskatastrophe*, Freiburg 1964, S. 16.

3 Helmut Schelsky, *Die Arbeit tun die anderen. Klassenkampf und Priesterherrschaft der Intellektuellen* (1975), München 1977, S. 170.

4 Vgl. Aleida Assmann, *Arbeit am nationalen Gedächtnis. Eine kurze Geschichte der deutschen Bildungsidee*, 1993, S. 45.

5 Theodor Fontane, *Werke, Schriften und Briefe IV/4*, 1890–1898, hg. von O. Drude und H. Nürnberger, München 1982, Brief an Martha Fontane vom 9. August 1895, S. 467.

6 *Wilhelm und Caroline Humboldt in ihren Briefen*. Bd. 3: *Weltbürgertum und preußischer Staatsdienst. Briefe aus Rom und Berlin-Königsberg 1808–1810*, hg. von Anna von Sydow, Neudruck der Ausgabe 1907–1918, Osnabrück 1968, Brief Wilhelm von Humboldts an Karoline vom 22. Mai 1810, S. 399.

7 Vgl. dazu Marc Zitzmann, *Schnelle Umsetzung – fehlender Tiefgang. Eine gemischte Zwischenbilanz der Bologna-Reform in Frankreich*, Neue Zürcher Zeitung, 11. Januar 2007.

8 *Stand der Einführung von Bachelor- und Master-Studiengängen in Bologna-Prozeß sowie in ausgewählten Ländern Europas im Vergleich zu Deutschland*, Endbericht: Vorgelegt am 28. Februar 2005, Bundesministerium für Bildung und Forschung in Berlin.

9 Wilhelm von Humboldt, *Werke*, Akademieausgabe Bd. X, S. 250 ff.

10 Helmut Schelsky, *Die Arbeit tun die anderen. Klassenkampf und Priesterherrschaft der Intellektuellen*, München 1975, S. 257.

11 Konrad Paul Liessmann, *Theorie der Unbildung*, Wien 2006, S. 110.

12 Richard Münch, *Die Transformation des akademischen Feldes: vom föderalen Pluralismus zur Differenzierung in Zentrum und Peripherie*, in: Zeitschrift für Staats- und Europawissenschaften (ZSE), Herausgegeben von Joachim Jens Hesse, 4. Jahrgang, Berlin 2006, S. 473–487, S. 481.

13 Max Weber, *Wissenschaft als Beruf*, in: ders., *Gesammelte Aufsätze zur Wissenschaftslehre*, Tübingen 1988, S. 582–613, 588 f.

14 Studienstiftung, *Überblick*, hg. von der Studienstiftung des deutschen Volkes, Bonn 1988, S. 5–7.

15 *Der deutsche Student 12* (1934), S. 716 f.

16 Rolf-Ulrich Kunze, *Weder staatlich noch privat: Die «Hochbegabten»-Förderung der Studienstiftung des deutschen Volkes, 1925 bis heute*. In: *Geburt oder Leistung?, Elitenbildung im deutsch-britischen Vergleich*. Herausgegeben von Franz Bosbach,

Keith Robbins und Karina Urbach, Prinz-Albert-Studien Bd. 21, München 2003, S. 203.

17 Ebd., S. 211 (Anm. 12).

18 Hartmut Rahn, *Interessenstruktur und Bildungsverhalten. Die Bedeutung außerschulischer Interessen, Erfahrungen und Aktivitäten für die Voraussage des Bildungsverhaltens von Schülern der gymnasialen Oberstufe*, Braunschweig 1978, S. 163 ff.

19 Hartmut Rahn, *Elite bilden oder Begabte fördern?*, Studienstiftung Jahresbericht 1984, Bonn 1985, S. 21–31.

20 Ebd., S. 29 f.

21 *Bildung und Begabung*, Gemeinsames Positionspapier der Arbeitsgemeinschaft der Begabtenförderungswerke zur bildungspolitischen Debatte mit Politik und Öffentlichkeit, Schriften 10, Bonn 1998, S. 10.

22 Ebd., S. 17.

23 Theodor W. Adorno, *Meinung Wahn Gesellschaft*, in: Ders., *Eingriffe. Neun kritische Modelle*, Frankfurt am Main 1963, S. 165.

5. Eliten im Zeichen der Grande Nation

1 Ernst Ulrich Große, *Das Bildungswesen: Traditionen und Innovationen*, in: Ernst Ulrich Große, Heinz-Helmut Lüger, *Frankreich verstehen*, vierte Auflage, Darmstadt 1997, S. 236.

2 Friedrich Nietzsche, *Werke*, hg. Von Karl Schlechta, 5. Aufl., München / Wien 1966, Bd. VI, S. 529.

3 Vgl. Antoine Rivarol, *Discours sur l'universalité de la langue française*, 1784.

4 Die Zahlen beziehen sich auf 2006/2007. Vgl. *Le Monde de l'Éducation*, Nr. 355, Februar 2007, Dossier «*Des prépas pour tous*», S. 26.

5 Ebd., S. 30.

6 Pierre Bourdieu, *Der Staatsadel*, Konstanz 2004, S. 164.

7 Ebd., S. 117.

8 Die französische *dissertation* entspricht also nicht der deutschen Dissertation. Die Doktorarbeit ist die *thèse*.

9 Ebd., S. 128. Bourdieu spricht sogar von einer langen Reihe der Weiheakte, die Segregation und Aggregation zur Folge haben. Dazu zählen gute Noten, der Prix d'excellence für besondere Schulleistungen, Nominierungen zum Concours générale, Prädikate beim Abitur.

10 Pierre Bourdieu, *Die feinen Unterschiede. Kritik der gesellschaftlichen Urteilskraft*, Frankfurt am Main 1982, S. 518.

11 Vgl. Ernst Robert Curtius, *Die französische Kultur*, Stuttgart 1930, S. 135: «Der Aufbau des Bildungs- und des mit ihm eng verbundenen Prüfungswesens ist nicht nur der Ausdruck französischer Bildungs- und Forschungsideale, nicht nur der Niederschlag einer langen geschichtlich-politischen Entwicklung. Er ist von größter Bedeutung auch für das Verständnis von der französischen Gesellschaft und der Methoden, mit denen sie ihr Gleichgewicht herstellt».

6. Eliten in der Demokratie

1 Vgl. dazu Eilert Herms, *Elitenkonkurrenz und Elitenkooperation. Wo stehen wir heute?*, in: Klaus-M. Kodalle, *Der Ruf nach Eliten*, Kritisches Jahrbuch der Philosophie, Beiheft 2, Jena 1999, S. 65–80.

2 Platon, *Apologie des Sokrates. Kriton.* Übersetzung, Anmerkungen und Nachwort von Manfred Fuhrmann, Stuttgart 1987, 46 B.

3 Hermann Lübbe, *Wiederentdeckung der Eliten,* in: *Fortschrittsreaktionen. Über konservative und destruktive Modernität,* Graz 1987, S. 176–197, hier S. 197.

4 Arthur Schopenhauer, *Parerga und Paralipomena. Kleine Philosophische Schriften,* Bd. II, *Über Gelehrsamkeit und Gelehrte,* § 254, Frankfurt am Main 2006, S. 431.

5 Jürgen Habermas, *Metaphysik nach Kant,* in: Ders., *Nachmetaphysisches Denken. Philosophische Aufsätze,* Frankfurt am Main 1989, S. 23.

6 *Ihr seid Deutschland, wir auch!,* Start-Stipendiaten sprechen über ihre ganz persönlichen *Erfahrungen,* Redebeiträge der Aufnahmezeremonie in Hamburg vom 26. September 2006, Hamburg 2007, S. 112.

Personenregister

Politik und Zeitgeschichte

Benjamin Barber
Consumed
Wie der Markt Kinder verführt, Erwachsene infantilisiert
und die Demokratie untergräbt
Aus dem Englischen von Friedrich Griese
2008. Etwa 400 Seiten. Gebunden

Paul Collier
Die unterste Milliarde
Warum die ärmsten Länder scheitern und was man
dagegen tun kann
Aus dem Englischen von Rita Seuß und Martin Richter
2008. Etwa 256 Seiten. Gebunden

Reimar Lüst
Der Wissenschaftsmacher
Reimar Lüst im Gespräch mit Paul Nolte
2008. Etwa 288 Seiten mit etwa 20 Abbildungen. Gebunden

Alfred Grosser
Wie anders ist Frankreich?
2. Auflage. 2005. 240 Seiten. Gebunden

Wolfgang Sofsky
Verteidigung des Privaten
Eine Streitschrift
2007. 158 Seiten. Gebunden

Verlag C. H. Beck München

Biographien und Porträts

Volker Reinhardt
Deutsche Familien
Historische Porträts von Bismarck bis Weizsäcker
2. Auflage. 2005. 384 Seiten mit 12 Abbildungen. Gebunden

Günter Brakelmann
Helmuth James von Moltke
1907–1945. Eine Biographie
2., durchgesehene Auflage. 2007.
432 Seiten mit 60 Abbildungen. Leinen

Wilfried Nippel
Johann Gustav Droysen
Ein Leben zwischen Wissenschaft und Politik
2008. Etwa 448 Seiten. Gebunden

Ferdinand Schlingensiepen
Dietrich Bonhoeffer
1906–1945, Eine Biographie
4., durchgesehene Auflage. 2007.
432 Seiten mit 46 Abbildungen im Text. Gebunden

Gerhard Schulz
Kleist
Eine Biographie
2007. 607 Seiten mit 57 Abbildungen. Leinen

Verlag C. H. Beck München